Juan Luis Duque · Kolumbien – Erinnerungen

AF289397

Juan Luis Duque

Kolumbien

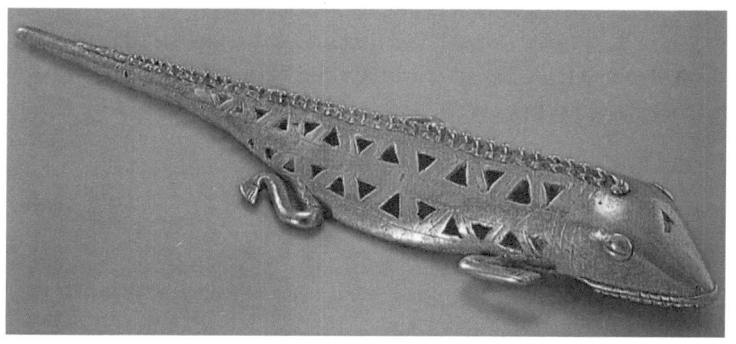

Erinnerungen

Erinnerungen

Ich widme die nachfolgenden Anekdoten und Geschichten allen meinen kolumbianischen Freunden. Ganz besonders aber meinem Freund Hernando, dem ich viel Einsicht in die lateinamerikanische Mentalität verdanke.

Die Lektüre dieser Anekdoten ist für diejenigen Leser gedacht, die entweder noch nie in Südamerika waren, aber davon träumen; für die, die schon einmal dort waren und ihren Aufenthalt gern in Gedanken nachvollziehen wollen – und nicht zuletzt für die, die dort gelebt haben und sich eine Weile zurückversetzt sehen möchten.

Sie sehen also: Wenn Sie diese Lektüre genießen wollen, sollten Sie Muße zum Träumen haben und bereit sein, sich verzaubern zu lassen.

© 2004 Juan Luis Duque
Satz und Layout: Buch&media GmbH, München
Umschlaggestaltung: Kay Fretwurst, Spreeau
Herstellung und Verlag: Books on Demand GmbH, Norderstedt
Printed in Germany
ISBN 3-8334-0547-3

Inhalt

Anhänger in Vogelform aus der Region Nariño

Vorwort

Sehr geneigter Leser,

wenn Sie sich in die folgenden Texte vertiefen, werden Sie mit vielen kolumbianischen bzw. südamerikanischen Ausdrücken konfrontiert. Das ist beabsichtigt. Sie werden so ein wenig in das exotische Flair der dortigen Welt eingeführt. Aber nicht immer werden Sie die notwendigen Kenntnisse zur richtigen Aussprache mitbringen. Darum erlauben Sie mir folgende – hoffentlich hilfreiche – Hinweise:

- Die Betonung liegt normalerweise auf der vorletzten Silbe. Ist dies nicht der Fall, wird die zu betonende Silbe durch eine Tilde angezeigt. Daher meine Bitte: Nehmen Sie sich nicht immer ein Beispiel an den deutschen Nachrichtensprechern
- »c« wird vor »a«, »o«, »u« wie »k« ausgesprochen. Vor »e« und »i« wie ein scharfes »s«
- »ch« wird im Wort wie unser »tsch« ausgesprochen (z. B. macho = *matscho*, männlich). Am Wortanfang wird es »k« wie bei uns gesprochen (z. B. Christo = *Kristo*)
- »g« wird vor »a«, »o«, »u« als »g« gesprochen, vor »e« und »i« dagegen wie »ch« (z. B. Gerardo = *Cherardo*, Gerhard). Wenn allerdings ein »u« vor dem »e« und »i« steht, wird »g« auch als solches gesprochen (z. B. guisantes = *gisantes*, Erbsen)
- »h« wird nicht gesprochen (z. B. Honda = *Onda*)
- »j« wird wie unser »ch« gesprochen (z. B. mejor = *mechor*, besser)
- »ll« wird wie unser »j« gesprochen (z. B. Llanos = *Janos*)
- »ñ« ist ein nasal gesprochenes »n«, klingt wie »nj« (mañana = *manjana*, morgen)
- »y« wird wie unser »j« gesprochen (z. B. mayor = *major*, größer)
- »b« und »v« werden im Volk sehr oft ähnlich, fast gleich

gesprochen. Das ist allerdings nicht korrekt. Richtig sollte das »b« auch als »b« gesprochen werden, wie in burro = *burro*, Esel, und das »v« wie ein weiches »w« in Wände
- »s« und »z« werden mit einem scharfen »s« gesprochen, ähnlich unserem »ß« (z. B. vez = *weß*, Mal). Ebenfalls wird so das »c« vor »e« und »i« gesprochen
- »eu«, »ei« werden immer getrennt gesprochen (z. B. neutro = *ne-utro*, allerdings etwas zusammengezogen). Dies ist für Europäer eines der schwierigsten Ausspracheprobleme in der spanischen Sprache. Ausgenommen hiervon sind oft – aber auch nicht immer – »au«, »oi« und »ai«

Ich hoffe, daß Sie trotz oder gerade mit diesen Erläuterungen bzw. Schwierigkeiten viel Spaß haben werden.

Zeremoniengefäß aus der Region QUIMBAYA

Ola, que hubo?
Wie geht es Dir?

Wenn ich mich für eines begeistern kann, dann ist es die südländische Begrüßung. Die Küßchen, na ja, die sind bei Damen manchmal ganz angenehm. Und auch bei sympathischen Freunden spürt man gern die herzliche Umarmung. Aber das ist es nicht, was ich meine.

Diese lockere Begrüßung gemeinhin ist das Besondere. Wie strengen wir uns doch manchmal an, einen Bekannten nicht sehen zu müssen, bloß um keine Zeit mit Floskeln zu verlieren. Und wer weiß, was er unter Umständen alles von uns verlangen könnte? Nein, das ist in Südamerika ganz anders.

Schon von weitem, und sei es auch von der anderen Straßenseite herüber, ruft einer: »*Ola, Juan, que hubo?*« Und stürmt ungeachtet des überwältigenden Verkehrs quer über die Straße, nur um mich umarmen zu können. Und schon fließt ein unaufhaltbarer Strom von Worten auf mich ein.

Etwa so: »Was für eine Freude, Dich zu sehen. Ist das aber schon eine Ewigkeit her, daß wir uns das letzte Mal gesehen haben. Laß mich raten, drei Monate, nein mindestens ein halbes Jahr. Mann, siehst Du gut aus. Und Deiner Frau geht es auch gut? Und die Kinder, was machen die? Also, was mir in der letzten Zeit alles passiert ist, das muß ich Dir einmal erzählen.«

Bis zu diesem Moment bin ich noch keines Wortes fähig gewesen. Ich werde einfach erdrückt von dem Wortschwall, der auf mich einprasselt. Und als ich dann energisch Luft hole und auch einige Fragen stellen will, ist mein Gegenüber schon bei den Worten angelangt: »Mach's gut, wir müssen uns unbedingt einmal sehen. Bitte ruf mich an.«

Er drückt mich noch einmal kräftig und ich *gringo* stehe ganz benommen da ob solcher Freundschaftsbeweise. Aber irgendwie frage ich mich doch, wozu ich ihn denn anrufen sollte und warum wir uns sprechen sollten? Wir hätten es doch auch jetzt und hier tun können!

Trotzdem hat mich diese Begegnung aus der alltäglichen Hast herausgerissen. Nicht, daß mir dieser Freund besonders viel bedeuten würde. Nein, es ist einfach die Tatsache, daß jemand mich wahrgenommen hat. Ich bin nicht mehr allein in dieser großen Stadt und auch nicht mehr anonym. Ich kenne ja Leute. Und andere haben es auch gesehen. Ob die jetzt wohl neidisch geworden sind?

Auf jeden Fall gehe ich hocherhobenen Hauptes meinen Weg weiter. Der Morgen ist auf einmal heller geworden.

Und die Sorgen? Sind die nicht auch irgendwie geringer geworden?

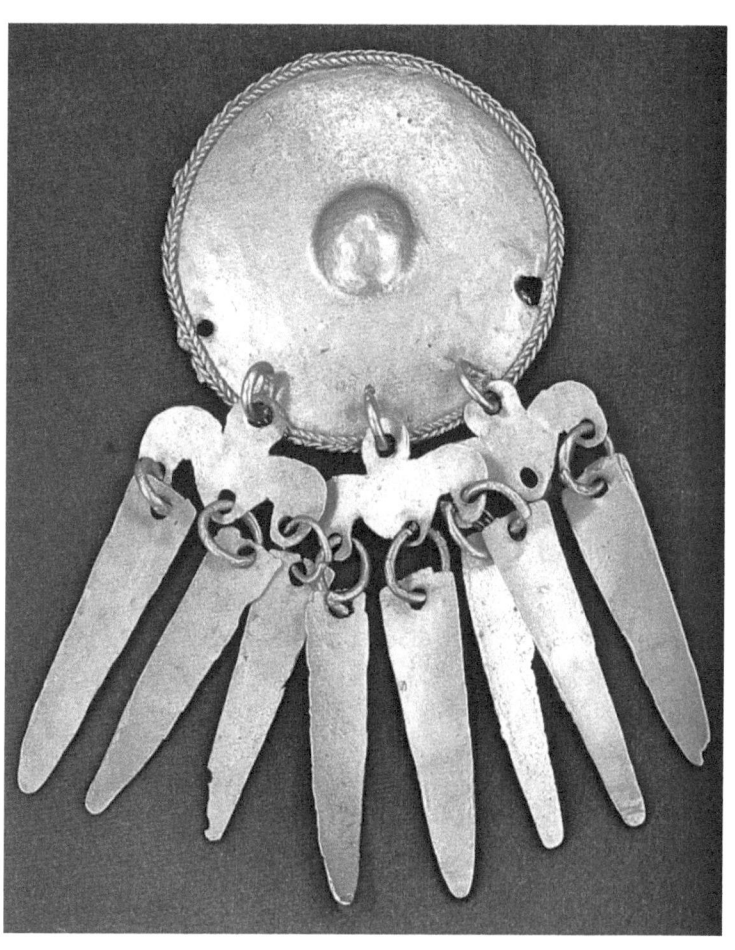

*Anhänger der MUISCAS, also der Indios, die auf
dem Hochplateau von Bogotá und Boyacá lebten*

El doctór

An der Schreibweise erkennen Sie schon, daß es sich nicht um unseren normalen Doktor handelt. Auch wird die Betonung auf die letzte Silbe gelegt.

Haben Sie es versucht? Geht es? Sehen Sie, dann sind Sie auch dafür qualifiziert, daß man Sie mit *doctór* anredet!

Das erste Mal, als es mir passierte, war mir das äußerst peinlich. Ich als einfacher Ingenieur wurde mit »Doktor« angesprochen! Wenn das meine Kommilitonen erfahren würden, die würden mich ja für größenwahnsinnig halten. Also erklärte ich meinen Installateuren auf der Baustelle, daß ich kein Doktor sei.

»Aber Sie sind doch Ingenieur, oder?« fragten sie.

»Ja, natürlich«, war meine Antwort.

Und so war ihre prompte Schlußfolgerung: »Dann sind Sie *doctór*!«

Warum das denn so sei, traute ich mich nicht mehr zu fragen, denn ein *doctór* muß das doch schließlich wissen, dachte ich mir. Aber es störte mich immer noch, daß meine Leute mich mit *doctór* betitelten, und bei allen Europäern, die ich auf den Baustellen traf, entschuldigte ich mich und versuchte, den Tatbestand richtig zu stellen.

»Macht nichts, denken Sie sich nichts dabei«, war meist ihre Antwort. »Das ist hier so üblich.« Ich war ja damals, wir schrieben das Jahr 1959, auch wirklich noch *muy gringo*, also »viel Ausländer«.

So ging das jahrelang und ich gewöhnte mich mit der Zeit daran, ein *doctór* zu sein. Natürlich müssen auch in Südamerika alle Ärzte und Rechtsanwälte promoviert haben. Als Ingenieur ist es aber nicht immer üblich, so wie das in Deutschland auch nicht immer der Fall ist. Für mich war also klar, daß ein ausgebildeter Fachmann – lassen Sie mich den Ausdruck mit *professionál* übersetzen – eben ein *doctór* ist.

15

Auf so einem Stuhl sitzt man ganz bequem.
Aber dieser ist nur eine sehr einfache Ausführung.
Es gibt sie aber auch mit reichlichem Dekor.

Denkste! Einmal besuchte mich ein guter Freund, ein Dr. Oberstudienrat aus Deutschland – achten Sie auf die Nuancen –, und während eines Stadtrundganges in *Bogotá* fielen wir natürlich auch einem Schuhputzer in die Hände, vielmehr: Mein Freund wollte auch einmal auf dem hohen Stuhl sitzen und sich bedienen lassen.

Also ging es los: »Setzen Sie sich, *doctór.* Wie wollen Sie die Schuhe haben, *doctór?*« Und als die zehn Pesos bezahlt waren und das Trinkgeld stimmte, rief er noch einmal ganz laut: »*Muchas gracias, doctór!*«

Ob dieses freundlichen Tones traute sich mein Freund dann, ihn radebrechend zu fragen, wieso er eigentlich wisse, daß er ein promovierter Doktor sei.

»Ooch«, meinte der Schuhputzer, »hier nennen wir doch jeden (Idioten) *doctór*!«

So einfach ist das. Man sagt einfach *doctór* und begeht damit keinen Fehler. Man ist freundlich zueinander, auch wenn es nur oberflächlich ist. Deshalb begrüßen wir *gringos alemanes* uns untereinander mit »Ola, *doctór*«, und wenn der andere dann antwortet »Du auch (Idiot)«, dann weiß man, daß er gut gelaunt ist.

Heute bin ich zurück aus dieser anderen Welt, bin kein *gringo alemán* mehr und keiner nennt mich mehr *doctór*. Nicht, daß ich mich danach sehne, aber ab und zu könnte doch jemand einmal *doctór* zu mir sagen und dabei freundlich grinsen?

Anhänger in Tiergestalt aus der Region TOLIMA

Canaima –
ein verlorenes Paradies

J üngst in Venezuela »ausgepackt«, wie die Einheimischen sagen würden, waren wir noch ein wenig »klamm«, finanziell gesehen. Aber Freunde behaupteten, daß das Nonplusultra eines jeden Urlaubs in Venezuela ein Besuch von *Canaima* sei.

Canaima ist ein paradiesischer Ort inmitten der venezolanischen *Guayana* – eine Tafelberglandschaft – ohne Zugang über Straßen oder Wege. Nach den Sagen der *indios* ist *Canaima* die Gottheit des Bösen. Sie soll alle Eindringlinge vertrieben haben und hat somit wohl auch zum Erhalt dieses Paradieses beigetragen.

Sie müssen sich vorstellen, daß der Süden Venezuelas – auch das venezolanische *Guayana* genannt – die Hälfte der Fläche des Landes umfaßt, aber nur drei Prozent seiner Einwohner beherbergt. Ich kann nur hoffen, daß es so bleibt: Es bewahrt ein Paradies.

Die typische Savannenlandschaft im
venezolanischen Guayana, mit den Tepuys im Hintergrund

Auf dem Weg nach Canaima mit einer DC-3

Der Flugplatz von Canaima mit seinen Benzinfässern

Zu erreichen ist *Canaima* also nur per »Flieger«. Für eine DC-3 ist dieser Ausdruck doch recht zutreffend. Wir waren jung, Sicherheitsbedenken waren uns fremd und so flogen wir los mit unseren zwei Söhnchen. Zwischenlandung war in *Cumaná*, der ältesten Stadt Venezuelas, bevor wir dann direkt südlich in die *Llanos Venezolanos* vorstießen. Wir überflogen Urwald so weit das Auge reichte, gemasert mit großen Strömen und Flußläufen und unterbrochen von Inseln mit savannenähnlichen Landschaftsformen mit Büschen und Palmen. Je weiter wir nach Süden kamen, desto mehr Tafelberge erhoben sich in der Landschaft. Bis zu tausend Metern und mehr steigen diese Gebilde aus der Ebene empor. Oben sind sie flach wie ein Tisch. Zumindest wirkte es vom Flugzeug aus so. Ob das wohl Jimmy Angel – der Entdecker des *Angel Falls* – auch gedacht hatte? Sein Flugzeugwrack ist auf einem der Tafelberge immer noch gut zu erkennen. Unser Flugkapitän machte eine Ehrenrunde um dieses Relikt und gab uns die notwendigen touristischen Erklärungen.

Auf eines dieser Bergmassive flogen wir jetzt zu und schaukelten dann direkt in einen *cañon* hinein. Und plötzlich war er da, der *Salto Angel*. Dank der geringen Flughöhe konnten wir die gesamte Länge des höchsten Wasserfalles der Welt betrachten. Mitten im Filmen mußte ich aber innehalten. Durch das immer heftiger werdende Schaukeln der DC-3 wurde mir übel und ich konzentrierte mich ab jetzt nur noch darauf, »heil« anzukommen.

Gott sei Dank ist *Canaima* nicht allzu weit vom *Angel Fall* entfernt. Auch wurde der Flug wieder ruhiger, als wir das Massiv verließen. Als schließlich eine staubige Piste vor uns auftauchte, an deren Ende eine Menge Ölfässer lagerten, wußte ich, daß ich es überstanden hatte. In den Fässern, so erfuhr ich später, lagerte man das Flugbenzin für den Rückflug. Auch das mußte ja eingeflogen werden.

Heute werden Sie in den modernen Jets nicht mehr luftkrank. Sie sehen dann den *Salto Angel* aber von einer Distanz, die es schwierig macht, ihn in der Trockenzeit, wenn er wenig Wasser führt, überhaupt zu entdecken.

Von der See- bzw. Luftkrankheit erholt man sich ja erstaunlich schnell. Und meine alte Neugier war sofort wiederhergestellt, als wir in einen offenen Jeep verfrachtet wurden und auf sandigen Spuren ins »Irgendwohin« fuhren.

Ein »Aahh« ging durch die Reihen der Mitfahrer, als sich nach kurzer Fahrt vor uns eine Lagune auftat, in die sich die breitgefächerten *Hacha*-Fälle ergossen, zumal der *Auyán-Tepuy* – eben jenes Massiv, in dem auch der *Salto Angel* entspringt –

den Hintergrund bildete. Ein phantastisches Fotomotiv, an dem wir uns auch in den kommenden Tagen nicht sattsehen konnten. Das Wasser des *Carrao*-Flusses fällt hier zwar nur etwa 50 Meter in die Tiefe, aber in mehreren Abschnitten und über eine relativ große Breite. Es ist braun, aber kristallklar. Ein Wasser von einer Reinheit zum Träumen. Seine Färbung, die von den weiter oben liegenden Erdformationen herrührt, brachte dem *Carrao* den Namen *agua negra* ein. Die bräunliche Farbe paßte hervorragend zu dem rosa Quarzstrand, dem Grün der Palmen und der übrigen Vegetation und zu der morgendlichen Sonne. Trotz seiner Farbe hatte das Wasser Trinkwasserqualität und wir tranken es auch. Dazu muß ich allerdings erwähnen, daß ich vom Jahre 1962 spreche. Daß es heute noch so ist, wage ich nicht zu behaupten.

Das Hauptgebäude unserer Unterkunft war ein großer, ovaler Holzbau aus Holzpfählen als tragendes Gerüst, mit Wänden aus Reisigmatten und einem mit Palmenwedeln gedeckten Dach. Eine durchaus gängige Konstruktion in den Tropen, die den Vorteil hat, leicht, luftig und frisch zu sein. Hier befand sich neben dem Restaurant auch die Rezeption.

Unsere Hütten, in denen wir übernachten sollten, waren einfachster Art: praktische Aluminium-Wellblechgebilde. Aber mit einem Bad. Was konnte man von einem Paradies mehr verlangen? Daß es Skorpione gab, wen störte es? Skorpione greifen übrigens keine Menschen an, ebensowenig wie Schlangen. Man darf sie allerdings nicht in die Enge treiben, dann wehren sie sich. Man muß also aufpassen, wohin man tritt, und vorsichtig sein, wenn man etwas hochhebt. Geben Sie diesen Tieren die Chance, wegzulaufen, dann tun sie es auch. Viel unangenehmer dagegen sind Mücken. Uns blieb keine andere Wahl, als am Spätnachmittag die Hütte auszusprühen und vor dem Zubettgehen kräftig zu lüften.

Das Frühstück wurde am nächsten Morgen im palmengedeckten Restaurant serviert. Erst da fiel mir auf, daß die

Frontseite zur Lagune hin mit nur halbhohen Wänden versehen war und somit freie Sicht auf das herrliche Panorama zuließ. Vom Frühstück selbst ist zu erwähnen, daß es außer Eiern, Toast und dem unvermeidlichen Speck eine reichliche Auswahl an tropischen Früchten gab, auf die wir uns mit Begeisterung stürzten. Papayas, Mangos, Orangen und selbst Bananen sind ja geschmacklich wesentlich intensiver, wenn sie reif gepflückt werden.

Den viertägigen Trip zum *Salto Angel* – per Esel – taten wir uns allerdings nicht an. Statt dessen brachen wir auf, um Diamanten zu schürfen. Ich kann mir nur schwer vorstellen, daß so etwas den Touristen heute noch angeboten wird.

Mit neun Personen, einschließlich Fahrer, kletterten wir in einen offenen, klapprigen Jeep, der in Deutschland schon längst keine Zulassung mehr bekommen hätte. Zwei von uns fanden vorn neben dem Fahrer Platz, und je drei auf den längsseits angeordneten Hinterbänken. Unser Führer war zugleich der Fahrer. Er machte uns stolz darauf aufmerksam, daß er den Jeep in seine Einzelteile zerlegt und mit einem Sportflugzeug hatte einfliegen lassen, um ihn dann hier selber wieder zusammenzusetzen.

Den Zustand dieses Gefährts konnte man daran erkennen, daß unser Fahrer immer kräftig mit dem Steuerrad rudern mußte, um den Druckpunkt links und rechts der Steuerschnecke zu bekommen, so viel Spiel hatte das Lenkrad!

Um diese Fahrt einigermaßen rückenschonend zu überstehen, war schon eine ganz besondere Technik erforderlich. Man mußte die Beine anhocken und die Schlaglöcher mit dem freien Oberkörper auspendeln. Nur nicht den Rücken anlehnen! Ich spreche natürlich von den hinteren Sitzen. Na ja, wir haben es überlebt. Ebenso meine Schwiegereltern, mit denen wir diese Reise ein paar Jahre später wiederholten.

Zunächst folgte unser Fahrer – wie gesagt, wild rudernd – eingefahrenen Radspuren. Wie ich später aus meiner Praxis mit unseren Firmenjeeps lernte, die manchmal in keinem besseren Zustand waren, fährt man in diesen Spuren – wenn man das Steuer praktisch sich selbst überläßt – wie auf Ge-

So saßen wir im Jeep, Abenteuer pur!

leisen. Die eingefahrenen Rillen sind so tief, da können die Räder gar nicht herausspringen.

Galt es kleine Wasserläufe zu überqueren, die sich tief in das Gelände eingeschnitten hatten, mußten wir aussteigen. Zwei Paar dicke Baumstämme dienten als Brücke und in einer artistischen Einlage rangierte unser Fahrer das Fahrzeug jedesmal heil auf die andere Seite. Mein Schwiegervater war begeisterter Wegeinweiser, aber ich glaube, eines solchen hätte es gar nicht bedurft.

Wir Passagiere mußten hinterher natürlich ebenfalls über diese Stämme turnen. Der Einfachheit halber faßten sich immer zwei Personen an der Hand und balancierten einer über die linken, der andere über die rechten Baumstämme. Allein die Überquerungen dieser *cañons*, so will ich diese tiefeingeschnittenen Flüßchen einmal nennen, waren die Tour wert. Unser Ziel waren sie allerdings nicht.

Nach circa einer halben Stunde Fahrt kamen wir an den *Río Carrao*, der in *Canaima* die Wasserfälle bildet. Wir wollten ihm jetzt bis zum Zusammenfluß mit dem *Río Caroní* folgen.

Während wir noch am Ufer standen und uns fragten, was denn wohl das abgesoffene Kanu dort unten zu bedeuten hatte, krempelte sich unser Führer schon die Hosenbeine hoch, stieg das Ufer hinab und begann, an dem vollgelaufenen Kanu seitliche Schaukelbewegungen zu vollziehen. Und

Ansicht der Hacha Wasserfälle

27

das Wasser schwappte heraus! Das ist kein Witz. Die größte Menge des Wassers brachte unser Russe – das war unser Führer – so mit diesen Bewegungen hinaus. Das letzte bißchen schöpften wir gemeinsam mit Eimern. Flugs zauberte er dann aus einer Erdhöhle einen Außenbordmotor hervor und schon hieß es einsteigen.

Viel Zeit zur Verblüffung blieb uns nicht. Wir setzten uns auf die notdürftig trockengewischten Sitze. Zu meiner Überraschung sprang der Außenbordmotor auch sofort an und dann ging die Fahrt flußabwärts zur Mündung in den *Caroní*. Mit großem Geschick lenkte uns unser Fährmann durch die Stromschnellen, und doch schrammten wir einige Male

Noch eine andere Ansicht der Hacha Fälle

derb an. Gut festhalten, hieß es dann jedes Mal. Unserem Einbaum machte es aber anscheinend nichts aus. Nur als das Wasser dann immer flacher und der Fluß immer breiter wurden – es war Anfang der Trockenzeit –, mußten wir den Rest des Weges zu Fuß zurücklegen.

Die Uferregion vermittelte uns einen kleinen Eindruck vom Urwald, zumal sich unser *guide* auch noch ein Gewehr umgehängt hatte. Gefährliche Tiere sahen wir jedoch nicht. Sie hatten sich vorsichtshalber vor uns zurückgezogen. Ob sie wohl Gewehre kannten?

Lange währte diese Wanderung allerdings nicht und staunende Rufe erklangen, als wir den Zusammenfluß mit dem *Río Caroní* erreichten. Durch die beginnende Trockenzeit konnten wir die Ausmaße der Flußbetten nur erahnen. Die Flüsse sind hier nicht sehr tief, dafür aber enorm breit, um die Wassermassen in der Regenzeit aufnehmen zu können.

Hier hatte unser russischer Führer seine Utensilien für das Diamantenwaschen versteckt. Es waren nur einige bescheidene Grabwerkzeuge sowie die obligatorischen Waschsiebe. Interessiert schauten wir zu, als er anfing, in sogenannten *pozos* zu graben. Das sind die walzenförmigen Vertiefungen, die sich durch Wasserwirbel ins Gestein hineingegraben haben. Und dort, berichtete er uns, würden sich die schwereren Bestandteile ablagern. Und Diamanten sind ja schwerer als Steine.

Das Goldschürfen haben Sie vielleicht schon einmal beobachtet, so daß ich Ihnen nicht erzählen muß, wie das mit den verschiedenen Sieben vor sich geht. Als das letzte Sieb dann am Strand umgedreht wurde, glitzerte und gleißte es in der Sonne und allgemeine »Oohhs« und »Aahhs« ertönten. Unser Führer schüttelte aber nur den Kopf und erklärte uns, daß inmitten der vielen schwarzen Lavakörner, die dort im Zentrum versammelt waren, nur Quarzkristalle seien, die vor Nässe glänzten.

Sein Ziel war es ja – das hatte er versprochen –, für jede teilnehmende Familie, einen, wenn auch winzigen, Diamantsplitter zu waschen. Hat man sich aber einmal an den Glanz der Quarzkristalle inmitten der schwarzen Lavateilchen gewöhnt, erkennt man sofort, wenn ein Diamant auftaucht; denn der glitzert viel intensiver. Und wir entdeckten ihn auch gleich. Nach einiger Zeit hatte unser Führer vier kleine Splitter gefunden, die unter den Teilnehmern ausgelost wurden, da sie von unterschiedlicher Größe waren. Leider habe ich meinen nicht mehr. Schade!

———————

Am nächsten Tag machten wir einen Ausflug zur Orchideeninsel, einem Eiland, das sich in der Mitte der Lagune, in die der *Río Carrao* hinabstürzt, gebildet hat. Viele Arten gab es zwar nicht zu bewundern, aber für diejenigen, die noch nie eine Orchidee gesehen hatten, war es schon etwas Besonderes. Meist war es die lila blühende *Catleya*, die wir zu sehen bekamen. Meine Achtmillimeterfilme zeugen noch heute von diesen Eindrücken.

Catleya, die Orchidee gemeinhin

Am Nachmittag war Baden angesagt. Mir hatte es ja die einmalige Farbe des Wassers angetan: braun und trotzdem glasklar. Wann immer wir Durst verspürten, tranken wir direkt aus der Lagune. Ob ich das allerdings heute auch noch täte?

Beeindruckend war auch der Strand. Rosafarbener, grober Quarzsand, mit einer leicht bräunlichen Tönung, »quarkte« unter meinen Füßen. Nein, das ist kein Schreibfehler: »Quaken« tat er nun einmal nicht. Da war eben noch ein »r« drin. Er gab beim Gehen so einen trockenen Laut von sich, den ich mit »Qurk, Qurk« beschreiben würde.

Zu jener Zeit konnte man mit dem Boot zu den Fällen fahren und einen guten Teil hinter ihnen entlanglaufen. Ein sicherlich nicht ganz ungefährliches Unternehmen, aber es war unbeschreiblich eindrucksvoll, die Wassermassen vor sich hinabrauschen zu sehen. Mit dem fortschreitenden Tourismus kann ich mir aber vorstellen, daß das nicht mehr erlaubt ist. Auch hinter dem »Vorhang« habe ich meine Achtmillimeterfilme gedreht.

Vielleicht gehören die dort lebenden Eingeborenen, die wir

Baumwollspinnerin in Canaima

noch spinnend mir ihren Handdrehspindeln kennengelernt haben, inzwischen der Vergangenheit an. Der *Carrao* Fluß und die *Canaima* Wasserfälle sind aber mit Sicherheit noch da. In den sechziger Jahren war das Gebiet ein Paradies. Ich wage mir nicht vorzustellen, wie es heute dort aussehen mag. In jedem Venezuela-Reisekatalog finden Sie den Ausflug nach *Canaima* angeboten. Man wirbt mit der Lagune, den *Hacha*-Fällen und dem *Auyán-Tepuy* im Hintergrund. Aber ist das noch unser *Canaima*?

31

Die Gottheit *Canaima* wußte vielleicht schon damals, daß der Lauf der Erde sich verändern würde, und versuchte, dieses Paradies vor uns zu verbergen. Schön, daß wir »unser *Canaima*« in dieser Phase noch erleben durften, was Sie allerdings nicht davon abhalten sollte, diesen Ausflug zu wagen. Versuchen Sie einfach ein wenig von dem Ursprünglichen nachzuempfinden. Ein Besuch Venezuelas, ohne *Canaima* zu sehen, ist sicherlich immer noch nicht vorstellbar.

Diadem aus dem Gebiet des Río Calima,
nach dem diese Region und Kultur ganz einfach CALIMA heißt.

No hay.
Das haben wir nicht

Viel gab es in den sechziger Jahren ja nicht in Kolumbien. Aber es gab doch immerhin die Waren, die man brauchte, um die Grundbedürfnisse zu decken.

Im Prinzip gab es fast alles. Dieses »fast« bezieht sich aber auf die ökonomische Situation des Landes selber. Hatte man Devisen, konnte man auch viel importieren. Hatte man keine, auch gut. Dann begnügte man sich mit dem, was vorhanden war. Im Klartext hieß das dann: »*no hay*« oder kurz »Gibt's nicht«!

Im Laufe der Zeit hieß es dann bei allem, was es nicht gab: »*no hay*«. Ohne jegliche Erklärung. Sei es, weil eine Lieferung nicht angekommen war, oder weil die Salzminenarbeiter streikten und es kein Salz gab – man stelle sich das einmal vor –, oder ganz einfach weil der oder die Verkäufer zu faul waren, sich die Mühe zu machen und nachzuschauen, ob die Ware da war oder nicht.

Im letzteren Fall mußten Sie sich in Ihr Schicksal fügen, denn es hatte wenig Sinn, dem Verkäufer oder der Verkäuferin erklären zu wollen, daß die Ware gestern noch da gewesen sei und doch nicht alles von gestern auf heute verkauft worden sein könne. Damit hätten Sie nur erreicht, daß die Verkäuferschar Sie nicht mehr beachtet hätte und Sie erfahren könnten, was es bedeutet, Luft zu sein.

Dazu kam ein weiteres Phänomen: Dieses »*no hay*« trat immer dann auf, wenn man es am wenigsten gebrauchen konnte. Gestern hatte ich noch den Zucker gesehen, aber warum sollte ich allein wegen des Zuckers im Supermarkt in der Schlange stehen? Morgen wäre sowieso der Großeinkauf fällig, dann ginge es doch in einem. Und was gab es am nächsten Tag nicht? Meinen so benötigten Zucker!

»Kann nicht sein«, sagen Sie? Nun, wenn die Zuckerrohrarbeiter streikten, fingen alle Händler gleich an zu »horten«.

Und für den Kunden folgte dann das unweigerliche »*no hay*«.

Das mit dem Zucker ist ja noch ein einfaches Beispiel. Auch wenn es oft eingetroffen ist. Zucker und Salz lassen sich ja noch verschmerzen. Kritisch wurde es aber, wenn die mächtigen Ölarbeitergewerkschaften streikten. Das konnte Monate dauern. Konsequenz: Das Flaschengas wurde knapp, oder aber der Tankwagen kam nicht, um den Erdtank aufzufüllen.

Wenn man anfing, morgens kalt zu duschen, wurde man erfinderisch, zumal auch meistens noch mit Gas gekocht wurde. Dem letzteren Problem half zwar eine Kochplatte ab, aber man konnte nun wirklich nicht über längere Zeiträume zu den paar Freunden gehen, die einen elektrischen Heißwasserboiler hatten.

Bei allen »No-Hay-Situationen« kam natürlich das Kapitel *amigo** zum Tragen. Man schaute sich also um: Wo kenne ich jemanden, der jemanden kennt, der die notwendigen Beziehungen hat, mein Dilemma zu beenden? Uns *gringos* liegt es im allgemeinen nicht, so direkte Vorschläge zur Lösung des »No-Hay-Engpasses« zu machen. Unter Landsleuten fließt die *propina* – eigentlich Trinkgeld – leichter, aber man vergibt sich doch schließlich auch einem *gringo* gegenüber nichts.

No hay hat inzwischen für uns seinen Schrecken verloren; es ist nur noch ein kleines Ärgernis, das, wenn notwendig, lösbar ist. Freunde oder Geld – oder besser noch beides – lösen unweigerlich auch dieses Problem.

---

* »Ein Freund oder *El amigo*«, aus dem Buch »Eine andere Seite des Lebens«, Seite 27

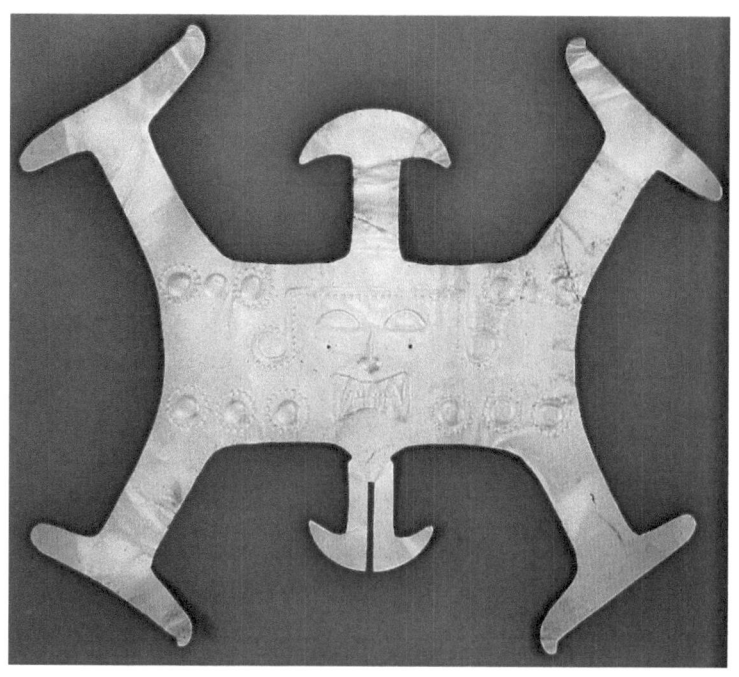

Diadem aus der archäologischen Zone SAN AGUSTIN

Ein Plattfuß

Viele meiner Freunde kennen einen Plattfuß sicherlich nur vom Hörensagen und lächeln bei dem Wort. Einen Reifenwechsel? Ja, den kennt man vom Aufziehen der Winterreifen. Aber Plattfuß?

Ich muß zugeben, seit 15 Jahren lebe ich wieder in diesem gelobten Land, das Deutschland heißt, und während all dieser Jahre habe ich noch keinen Plattfuß gehabt. Wie sollte man auch, mit mindestens zwei bis drei Millimeter Profiltiefe?

Das ist in Kolumbien anders. Nicht einmal so sehr, weil dort mehr Nägel auf den Straßen liegen – was ohne Zweifel der Fall ist –, sondern weil man die Reifen ganz abfährt. Dort wird es erst dann brenzlig, wenn die dritte oder vierte *lona* ihr ovales Erscheinen zeigt. Denn wenn die verschiedenen Gewebeschichten zum Vorschein kommen, ist es für eine Runderneuerung zu spät. So kann man sich also sehr gut vorstellen, daß ein Plattfuß in Südamerika zur Tagesordnung gehört.

Peinlich wird es nur, wenn man mit einem fremden Fahrzeug unterwegs ist, der bewußte Plattfuß einen erwischt und dann der Reservereifen auch platt ist. Das ist mir mehr als einmal passiert. Es ist nicht weiter schlimm, so lange man sich in einer Stadt bewegt. Auf der Suche nach neuen Milchlieferanten an der Küste Kolumbiens und auch ein gutes Stück landeinwärts passierte mir das jedoch mit einem Firmenjeep und da hört der Spaß dann auf. Gott sei Dank war ich nicht allein, als dieser Fall eintrat. Da gab's nur eins: Einer blieb beim Jeep und der andere fuhr zum nächsten Dorf, in dem es eine Tankstelle gab.

Mich traf das Los, einen Lastwagen anzuhalten und um Mitfahrt zu bitten. In diesen Regionen ist es gang und gäbe, daß man anhält, wenn jemand in Not ist. Und bei dem aufgebockten Wagen sah man ja, daß wir Hilfe brauchten. Für den Fahrer des Öltankwagens, der mich mitnahm, war ich sicherlich eine willkommene Abwechslung, konnte er sich jetzt doch ein wenig unterhalten. Wir mußten einige kleinere Ortschaften passieren, bis endlich so etwas ähnliches wie eine Tankstelle auftauchte.

Vor einer palmengedeckten Hütte stand eine Benzinpumpe, wahrscheinlich Vorkriegsmodell. Daneben befand sich ein Sonnendach mit allerlei undefinierbaren Gerätschaften. Das sollte wohl die Werkstatt darstellen, vermutete ich. Ich bedankte mich bei dem Lastwagenfahrer, ohne die Frage zu vergessen, was ich ihm denn schuldig sei.

»Fünf Pesos«, meinte er, und ich entrichtete meinen Obolus.

Es ist durchaus üblich, daß man für diese Hilfeleistung bezahlt. Selbst die Ärmsten der Armen fragen nach dem Preis, wenn sie mitgenommen werden. Beim Aussteigen natürlich, nicht vor dem Mitnehmen.

Ich rollte also meinen Reifen in Richtung Werkstatt, als auch schon eine schwarze Seele erschien. Schwarz zu sein ist an der Karibikküste normal, da fallen eher wir Weißen auf. Ja, das könne er schon flicken, meinte der Mann, es würde nur ein Weilchen dauern.

Zeit zu haben, das muß man in diesen Ländern lernen. Die Uhren gehen hier gemächlicher.

Er nahm den Reifen mit unter sein Sonnendach, aber jähes Entsetzen packte mich, als er zur Spitzhacke griff und anfing, meinen Reifen damit zu bearbeiten. Mit der breiten Seite der Hacke traf er zielgenau die Kante des Mantels, ohne die Felge zu berühren. Nach ein paar Schlägen gab der Mantel nach und rutschte nach innen. Jetzt war es ein Kinderspiel, den Schlauch herauszuziehen und mit Druckluft aufzublasen.

Stolz zeigte er mir die Ursache meines Problems: »Hier ist das Loch, *doctór.*«

Von einem alten Schlauch schnitt er ein Stück ab, in der Größe, die er für den Flicken brauchte, und bestrich die undichte Stelle mit etwas Gummilösung. Aus irgendeiner Kiste zauberte er dann ein abgeschnittenes Bügeleisen hervor.

All das fand meine höchste Aufmerksamkeit, hatte ich doch so etwas noch nicht miterlebt. Bei dem Bügeleisen handelte es sich um das Unterteil – also die Bügelfläche –, an dem ein zwei Zentimeter hoher Rand stehengeblieben war, so eine Art Schiffchen. Mit dem Schlauch und diesem Bügeleisenunterteil ging er zu einer uralten Spindelpresse, legte den Schlauch, den Flicken und das Bügeleisen unter die Spindel und zog das Ganze an. Dann füllte er den Trog, den das Bügeleisenunterteil bildete, mit Dieselöl und steckte es an.

»So, jetzt haben wir Zeit«, meinte er und fing an, sich mit dem Mantel zu beschäftigen, um den Gegenstand zu suchen, der das Loch verursacht hatte.

Zeitgleich mit seinen Worten kam ein weibliches Wesen mit zwei Tassen Kaffee aus der Hütte geschlurft. Ich tippte darauf, daß es wohl seine Frau sein müßte, wobei mit der Bezeichnung »seine Frau« großzügig umgegangen werden sollte. Heirat war nicht unbedingt erforderlich, zumal dieser Herr der Schöpfung ja immerhin ein Unternehmer war, und die Auswahl unter den »Besserverdienenden« sich hier sehr schwierig gestaltete.

Bei diesen Gedanken drückte man mir schon den Kaffee in die Hand.

»*Por favor, doctór*«, also »Bitte«, war das einzige, das die Holde zu mir sagte. Allerdings mit dem Zusatz *doctór*! Allein die Höflichkeit gebot es, so eine Gabe nicht abzuschlagen.

Kaffee ist ja gekocht, da kann also nicht viel passieren. Ansonsten ist die Wasserqualität in diesen Einöden mehr als fraglich, wird es doch meist vom Tankwagen gekauft und steht dann wochenlang in alten Ölfässern herum. Ein Glück, dachte ich bei mir, daß es Kaffee war und nicht Saft. So kam ich wenigstens nicht in das Dilemma der unbeobachteten Entsorgung.

Alldieweil brannte das Öl munter in dem Bügeleisen, und der Kaffee machte uns gesprächig. Wie er denn wisse, wann die richtige Vulkanisationstemperatur erreicht sei, fragte ich den Mechaniker. Ach, das sei Erfahrungssache, meinte er. Er wisse ungefähr die Menge Dieselöl, die er nehmen müsse.

»Was ist denn das für eine Gummilösung?« fragte ich weiter.

»Gummi in Nitroverdünnung aufgelöst«, meinte ich verstanden zu haben.

»Na, ob das hält?« dachte ich. Aber blieb mir denn viel anderes übrig?

Irgendwann war das Feuer dann aus, die Spindel wurde gelöst und das Werk betrachtet und für gut befunden. Sicherheitshalber wurde der Schlauch noch in Wasser abgekühlt, mit Preßluft kontrolliert und montiert. Hierzu war die Spitzhacke nicht erforderlich. Mit Seifenwasser wurde der Mantel schlüpfrig gemacht, die Preßluft angeschlossen und der Reifen aufgeblasen, bis er mit einem lautem Knall auf die Felge sprang.

Von irgendwoher zauberte mein Schwarzer einen Luftdruckmesser, stellte den Druck ein, kontrollierte mit Spucke, ob denn das Ventil auch dicht sei und gab mir den Reifen mit den Worten: »Hier, *doctór*, macht 20 Pesos.«

Ich zahlte, bedankte mich und rollte meinen Reifen wieder zur Straße zurück. Die Rückfahrt verlief ähnlich wie die Hinfahrt, wobei ich erwähnen möchte, daß sich das Mitfahren nur bei Last- oder Geländewagen anbietet. Die *doctores* in ihren Privatwagen hält man nicht an, zumal sich Stadtautos für diese Straßen auch gar nicht eignen und somit auch fast nicht unterwegs sind.

Von meinem kolumbianischen Kollegen wurde ich mit einem Grinsen begrüßt und der Frage: »Hat alles geklappt?«

Die Zeit, die ich gebraucht hatte, war nebensächlich.

Maske aus der Region TIERRADENTRO

Die Essensgewohnheiten

Wie bei uns gibt es fünf Mahlzeiten: drei Haupt- und zwei Zwischenmahlzeiten. Warum ich dann darüber schreibe? Nun, ich will Sie ein wenig mit den Namen und den Gebräuchen bekanntmachen.

Der Tag fängt mit dem *desayuno* an. Viele Städter stürzen hier nur einen Kaffee hinunter und eilen zur Arbeit. Viele frühstücken aber auch ganz ähnlich wie wir, allerdings meist mit einem Orangensaft beginnend. Und den Kaffee trinkt man aus einer Kumme, mit mehr Milch als Kaffee. Dazu löst man oftmals Nescafé in heißer Milch auf.

Die Landbevölkerung hat da andere Bräuche. Die Natur gibt den Tagesablauf vor. Um 6 a.m. wird es hell, also fängt man dann an zu arbeiten. Und um 6 p.m. ist es wieder dunkel. Und so geht man auch zeitig ins Bett, zumal in den meisten ländlichen Gebieten die Stromversorgung nicht immer zu allen Zeiten gewährleistet ist.

Kolumbien liegt ja nur einige Grad nördlich des Äquators und darum herrscht praktisch Tag- und Nachtgleiche, die sich von Sommer zu Winter – sprich Trocken- und Regenzeit – nur um eine viertel Stunde unterscheidet.

Da hart gearbeitet werden muß, fällt auch das Frühstück dementsprechend üppig aus. In den kleinen Frühstückspensionen auf dem Lande wird Ihnen darum auch nur eine Frage gestellt: »Eier oder Fleisch?«

Egal, wie Sie sich entscheiden, zuerst gibt es eine Suppe. Undefinierbar für mich, wahrscheinlich aus Knochen gekocht, mit viel Kartoffeln und Gemüse. Fetzen von Fleischstückchen können schon noch in ihr vorkommen, und wenn Sie sie mit *ají casero* würzen, ist sie sogar schmackhaft. Der zweite Gang besteht aus einem Riesenteller mit Reis, Kartoffeln, *yuca*, ein wenig Brot und entweder einem winzigen Stückchen Fleisch oder einem gebratenen Ei, je nachdem, was Sie gewählt haben. Dazu reicht man einen Milchkaffee in einer großen Kumme. Das alles wird ruhig, aber zügig weggeputzt, denn der Lastwagen des Großgrundbesitzers wartet schon, um die Arbeiter aufs Land zu befördern. Das geschieht spätestens um 6.30 a.m.

Zum zweiten Frühstück, *las medias nueves*, übersetzt »halb neun«, packt jeder sein Sandwich aus, das er von zu Hause mitgebracht hat oder sich in der Pension machen ließ. Diese Bezeichnung »*las medias nueves*« hat sich im ganzen Land für das zweite Frühstück erhalten. Egal, ob es zum Beispiel im Kindergarten um 10 oder 10.30 a.m. eingenommen wird. Es ist halt die Bezeichnung für die Zwischenmahlzeit am Vormittag.

Das Mittagessen heißt *almuerzo* und wird so gut wie nie um 12 m. – *meridiano* – eingenommen, sondern eher gegen 1 p.m. Der Brauch der Siesta kommt auch wieder vom Lande. Man macht in der größten Hitze eine Pause und arbeitet erst am Nachmittag wieder weiter. In den Städten und in der Industrie kann man sich das heute nicht mehr leisten, allein schon wegen der weiten Anfahrtswege der Angestellten.

Vor dem Abendessen, das *cena* heißt, gibt es in vielen Fällen noch eine Mahlzeit, »*las onces*«. Das hat mit unserem Kaffeetrinken – und eventuellem Kuchen dazu – nichts zu tun. Es ist bei der Landbevölkerung dieselbe Zwischenmahlzeit wie am Morgen: Man ißt sein Sandwich und kann so gekräftigt bis zum Dunkelwerden weiterarbeiten. Bei der Landbevölkerung gibt es keinen Acht-Stunden-Tag. Der hat eher 10 bis 12 Stunden.

Das Witzige an der Sache ist die Bezeichnung *las onces*. *Once* heißt doch »elf«. Ich habe lange gebraucht, um zu begreifen, daß damit nicht etwa noch ein drittes Frühstück gegen 11 a.m. gemeint war. Aber woher kommt dieser Name?

Einer Deutung nach soll es sich folgendermaßen zugetragen haben: Die Großgrundbesitzer, nennen wir sie einmal der Einfachheit halber *haciendados*, ritten ja täglich über ihre Äcker und Weiden, um nach dem Rechten zu sehen, denn die Pedros und Josés liegen gern unter einem schattigen

Baum und ruhen sich aus. Nach getaner Arbeit trafen sie sich an einer Ecke ihres Landes mit einem oder mehreren Nachbarn, und irgendeiner zauberte einen Flachmann mit *aguardiente* hervor. Ihre Frauen sahen das natürlich nicht so gern. Und so benutzte man einen Decknamen, wenn man sich so zwischen 4 und 5 p.m. zum »*onces*« verabredete. Zählen Sie einmal nach: Das sind die elf Buchstaben, aus denen das Wort *aguardiente* besteht.

Zur *cena*, dem Abendessen, sei gesagt, daß die Landbevölkerung sehr zeitig ißt, so gegen 7 p.m., während es in der Stadt schwierig ist, etwas vor 9 p.m. zu bekommen.

Sie haben sich sicherlich gewundert, daß ich nie das Wort »Uhr« gebraucht habe. Man bezeichnet ganz einfach die Vormittagsstunden mit a.m., *ante meridiano*, und die Nachmittagsstunden mit p.m., *post meridiano*. Das wurde aus dem Amerikanischen übernommen. Also, bei einer Zeitangabe immer nachfragen: »*a-emme*« oder »*p-emme*«?

So, damit sind Sie jetzt bestens vertraut mit den kolumbianischen Zeit- und Essensgebräuchen und qualifiziert für einen Besuch. Und nicht *las onces* vergessen!

Eine Nadelspitze aus der Region des RÍO CALIMA

Eine etwas andere Eisenbahnfahrt.
Von *Puerto Berrío* nach *Medellin*

Der *Río Magdalena* ist einer der größten kolumbianischen Flüsse und wurde bis in die 50er Jahre hinein bis nach *Honda* noch mit Dampfschiffen befahren. Auf dieser Strecke war *Puerto Berrío* ein wichtiger Hafen, denn dort landete man alles an, was *Medellin* – die Hauptstadt der Provinz *Antioquia* – brauchte. Dazu hatte man eine Eisenbahnstrecke gebaut, um das Terrain, das von 500 Metern am Magdalenenfluß bis auf 1400 Meter in dem mittleren Andenausläufer ansteigt, zu überwinden. Eine Schmalspurbahn, wie es damals so üblich war.

Ich war geschäftlich in *Honda* und mußte nach *Medellin*. Zu diesem Zeitpunkt existierte noch keine direkte Landverbindung für diese Strecke, und um mir den Weg zurück nach *Bogotá* zu ersparen, verfiel ich auf die glorreiche Idee, es mit dem Zug zu versuchen.

Am Nachmittag ging es mit dem *autoferro* problemlos nach *Puerto Berrío*. Zwar schaukelte der Dieseltriebwagen gewaltig und ich hatte mitunter Bedenken, daß er aus den Schienen springen könnte, aber wir kamen heil an. Im einzigen Hotel des Ortes, das so einen Namen verdiente, war ein Zimmer für mich reserviert.

Am nächsten Tag um 5 Uhr in der Frühe sollte es losgehen, sagte man mir. Der Zug wolle versuchen, morgen auf jeden Fall zu fahren. Der Druck der Passagiere sei zu groß geworden, nachdem er die letzten drei Tage wegen Regens nicht gestartet war. Das waren ja herrliche Aussichten, zumal es gegen Abend wieder angefangen hatte zu regnen. Na ja, bis morgen konnte sich vieles ändern, dachte ich bei mir. Nur eines war mir klar: Bei dem Andrang mußte ich zeitig auf dem Bahnhof sein.

Die Nacht wurde von dem monotonen Prasseln des Regens auf die Wellblechbedachung des Hotels begleitet. Um vier

Uhr klingelte mein Wecker. Waschen ging nicht, es war kein Wasser da. Ich trat aus dem Zimmer, schaute den Atriumbau hinunter und sah, wie einige Gäste unter den Wasserspeiern duschten und Zähne putzten.

Das Wasserwerk sei überflutet worden und könne kein Wasser mehr liefern, beschied man mir auf meine Nachfrage. Also verzichtete ich auf das Duschen und putzte mir nur meine Zähne unter den Naturduschen, denn es regnete immer noch sachte.

Zum Bahnhof war es nicht weit, und da stand der Zug, ohne Licht, die Fenster teilweise offen – wir waren ja in den Tropen –, was aber jetzt den Nachteil hatte, daß alle Sitze naß waren. Zum Glück waren es Plastiksitze, die man trockenwischen konnte. Ich erwischte einen Platz am Fenster und langsam füllte sich der Zug. Aus den Gesprächsfetzen, die ich aufschnappen konnte, entnahm ich, daß verschiedene Passagiere diese Prozedur schon seit einigen Tagen machten, d. h. sich morgens in den Zug zu setzen und zu hoffen, daß er fahren würde. Es wurden Wetten abgeschlossen, ob es denn heute endlich der Fall sei.

Irgendwann, es war schon weit nach fünf Uhr und es dämmerte schon, lief die Maschine der Diesellok an und allgemeines, freudiges Gemurmel wurde laut. Als der Zug dann auch noch anfuhr, waren alle restlos glücklich.

Es währte aber nicht lange. Kaum daß wir einige Kilometer gefahren waren, hielt er wieder an. Wir standen vor einer überfluteten Brücke, über die die Wassermassen des Flusses einen Meter hoch hinwegspülten. Die Passagiere – und ich in ihrer Mitte – begaben sich nach vorn zur Lok.

»Es ist zu riskant, bei diesem hohen Wasserstand die Brücke zu überqueren. Der Brücke ist zwar nichts passiert, aber Treibholz könnte gefährlich werden. Wir werden wieder zurückfahren und im Bahnhof bis später am Vormittag warten«, sagte uns der Lokführer.

Inzwischen machte sich auch mein Magen bemerkbar, denn im Hotel hatte es zu so früher Stunde noch kein Frühstück gegeben. Aber der Zug – man staune – führte eine Art

Speisewagen mit sich. Es war mehr eine Küche und die Kellner oder der Schaffner gingen herum und fragten, wer etwas bestellen wolle. Ich wollte und bekam dann auch mein Steak mit Bohnen, Reis und *yuca*. Das ist das normale Frühstück bei der Landbevölkerung. Wobei ich dazusagen muß, daß es für die Arbeiter tagsüber auf den Feldern auch keine Möglichkeit mehr gab, etwas Großes zu essen.

Gegen zehn Uhr versuchte es der Lokführer noch einmal und siehe da, das Wasser war tatsächlich gefallen und überflutete die Brücke nur noch etwa einen halben Meter. Die Beratung des Lokführers mit seinem Personal dauerte ziemlich lange, und ich glaube, schließlich gab die Überfüllung des Zuges den Ausschlag, es doch zu versuchen. Im Schritttempo ging es dann über die etwa 200 Meter lange Stahlbrücke und die gelungene Überquerung wurde mit großem Applaus quittiert.

Inzwischen war es Mittag und heiß geworden. Aber der Regen hatte wenigstens aufgehört und der Sonne Platz gemacht. Dafür fingen aber jetzt der Wald und die Felder an zu dampfen. Sauna gratis! In gemächlichem Tempo ging es von Station zu Station. Das Tempo wurde ja zum einen durch die teilweise erhebliche Steigung und zum anderen durch den schlechten Zustand des Gleiskörpers bestimmt. An einer Station jedoch wollten sich einige Passagiere rasch etwas zu essen kaufen und wurden von dem plötzlichen, sehr schnellen Anfahren des Zuges überrascht. Sie konnten ihm nur noch hinterherschauen.

Ich hatte ebenfalls mit dem Gedanken gespielt, mir etwas zum Magenfüllen zu besorgen, hatten wir doch die Reserven an Bord schon lange aufgezehrt. Auf so viele Menschen war die Bordküche nicht vorbereitet. Das schnelle Anfahren hatte aber seinen Grund, kam doch gleich nach dem Bahnhof eine starke Steigung, die die altersschwache Lokomotive nur mit Schwung meistern konnte.

Ansonsten hatten wir Zeit und Muße, die Landschaft zu betrachten. Die drückende, feuchte Hitze der Niederung wich einer angenehmen Sommertemperatur, als wir durch die Kakaoplantagen fuhren, und diese wiederum wechselte in eine herbstliche Frische auf der Höhe der Kaffeefarmen. Es war sehr interessant, das alles zu erleben, fuhren wir doch direkt durch diese Landschaft. Rechts und links waren keinerlei Straßen zu sehen.

Wir waren schon auf dem Hochplateau angekommen, als der Zug plötzlich auf freier Strecke stoppte. Sehen konnte ich nicht viel, nur daß einige Passagiere ausstiegen und nach vorn zur Lok gingen. Mir war noch das schnelle Anfahren

Ein Kaffestrauch mit grünen Früchten

von vorhin in schlechter Erinnerung, und dementsprechend hielt ich mich zurück. Als dann aber berichtet wurde, daß der Zug vor uns entgleist war, bedeutete das auch das Ende unserer Fahrt.

Jetzt hieß es schnell handeln. Der nächste Ort, *Barbosa*, war ca. zwei Kilometer entfernt, und wer als erster dort war, hatte vielleicht die Chance, einen Bus, ein Taxi oder irgendein anderes Fahrzeug zu erwischen, das ihn nach *Medellin* bringen könnte. Also die Koffer geschultert und los zog

Früchte des Kakao Baumes, wie er im gemäßigten Klima wächst. In der Frucht liegen die einzelnen Bohnen in einer weißen, wattigen Masse eingebettet

die Karawane, zunächst am Bahndamm entlang und dann querfeldein. Irgend jemand kannte da wohl den Weg, dachte ich. Und nicht nur ich, denn alle folgten.

Mich erinnerte es unangenehm an die Flucht vor den Russen! Einer versuchte den anderen zu überholen, einige liefen im Trab, andere, vor allem diejenigen mit kleinen Kindern, kamen kaum voran. Mit meinem kleinen Köfferchen hatte ich die wenigsten Probleme. Während ich so im Treck mitmarschierte und mir überlegte, wo wir wohl waren und wie weit es noch bis nach *Medellin* war, sah ich ein mir bekanntes Gesicht auftauchen.

»Hallo, *Fernando*, wo kommen Sie denn her?« fragte ich meinen *amigo* verblüfft.

»Aus *Medellin*, um Sie abzuholen«, antwortete er. »Der Zug liegt doch hier schon seit drei Tagen und sie bringen ihn nicht auf die Beine. Und da wir wußten, daß Sie kommen würden, bin ich hier.« Das war wirklich eine gelungene Überraschung und auf einmal hatte ich es gar nicht mehr eilig.

In *Barbosa* hatte schon die Schlacht auf den einzigen Bus begonnen. Nicht nur innen war er rappelvoll, sondern auch das Dach war dicht besiedelt. Und trotz allem versuchten immer noch mehr Leute, irgendwie aufzusteigen. Der Busfahrer mußte anfahren und dann nach einigen hundert Metern wieder anhalten, um die Passagiere einigermaßen zu verteilen. Zum Glück ist nichts passiert, aber die Federn des Busses, da bin ich mir sicher, waren am Anschlag.

Da unser Jeep, mit dem *Fernando* gekommen war, ein Firmenwagen war, durften wir leider keine Passagiere mitnehmen, obgleich uns hohe Summen für einen Platz geboten wurden.

In *Medellin* kamen wir erst in der Nacht an. Wir waren also doch weiter entfernt gewesen, als ich zunächst geglaubt hatte. Mein Hotelzimmer war weg und ich mußte auf einem Notbett auf der Bühne des kleinen Theaters, das zum Hotel gehörte, übernachten. Wenn ich den Bühnenvorhang zuzog, hatte ich sogar meine Privatsphäre.

Im Nachhinein betrachtet hätte ich weniger Zeit gebraucht, wenn ich den Umweg über *Bogotá* gewählt hätte. Beruflich bin ich auch nie wieder mit dem Zug gefahren, aber ich bin auf jeden Fall um eine Erfahrung reicher geworden. Und so gesehen möchte ich die Reise nicht missen.

Ein Nasenschmuck (naringuera) aus der Region TAIRONA

Der (Familien-)Name

Dem eifrigen Zeitungsleser und dem aufmerksamen Fernsehzuschauer wird sicher nicht entgangen sein, daß die Namensgebung im Ausland oft etwas anders gehandhabt wird. Der letzte mexikanische Präsident z. B. hieß *José Salinas Gortari*. Das heißt nichts anderes, als daß der Vater *Salinas* und die Mutter *Gortari* hießen. Oder schauen Sie sich den Ersten Sekretär der UNO an: *Butros Butros Ghali*. Einfach toll.

Die Sitten und Gebräuche sind halt andere. Wenn in Südamerika eine Frau *María Fernandez* heißt, ist sie aller Wahrscheinlichkeit nach nicht verheiratet. Das Wörtchen »de« macht da die Differenz. Verheiratet hieße sie nämlich *María de Fernández*, genauer gesagt *María Martínez de Fernández*, wenn ihr Mädchenname z. B. *Martínez* wäre. (Die Betonung liegt auf der Silbe mit dem Akzent. Wenn Sie das Vorwort aufmerksam gelesen haben, dann wissen Sie, daß die Betonung auf der vorletzten Silbe liegt. Und Sie haben ebenfalls recht, wenn Sie bemerken, daß sich *Fernandez* und *Martinez* ohne Akzent schreiben. Ich habe ihn aber in diesem Fall absichtlich gesetzt, damit Sie nicht die Aussprachefehler einiger Fernseh- und Radiomoderatoren wiederholen.) Bei den Herren der Schöpfung benutzt man das Wörtchen »de« nicht. Bei einem Mann würde es heißen: *José Fernandez Martinez*. Ohne Bindestrich. Da kommt Vaters Name zuerst und der von der Mutter hintendran.

Warum das so ist, weiß ich nicht. Vielleicht gibt es zu viele *Martinez* und *Fernandez*? Aber bei uns gibt es ja auch viele Meiers und Schmidts. Na ja, gewisse Damen, besonders aus der Politik, scheinen auch bei uns auf Doppelnamen nicht verzichten zu können. Könnte da ein gemeinsamer Nenner bestehen?

Als ich noch ein unbedarfter Neuling in den lateiname-

rikanischen Gefilden war, waren diese langen Namens-
schwänze für mich ein Greuel. Es war schon schwierig
genug, sich einen so exotischen Namen wie *Martinez* zu
merken, und dazu noch zwei Nachnamen und noch exoti-
schere Vornamen.

Mit der Zeit kam ich dann dahinter, daß man sich zwar mit
dem ganzen Rattenschwanz an Namen vorstellt, aber damit
ist es dann auch genug. In der Anrede benutzt man nur den
väterlichen Namen, also Herr oder Frau *Fernandez*, oder
ganz einfach den Vornamen und dann aber *usted*, »Sie«.

So weit war ich also schon in die Geheimnisse der spanischen Sprache eingeweiht, als sich folgende Anekdote zu-
trug: Ein kolumbianischer Abteilungsleiter besuchte unser
Hauptbüro in *Caracas*. Vaters Name *Checa*, Mutters Name
España. Er stellte sich auch ganz forsch vor: »*Jesús Checa España*«. Irgendwie hatte ich dabei das Gefühl, daß ich auf den
Arm genommen wurde.

Also antwortete ich: »*Juan Luis Duque Alemania*. Gelacht
hat in dem Moment keiner. Alles verlief ganz normal. Beim
abendlichen Cocktail brachte ich das Gespräch darauf, daß
Herr *Checa* wohl aus Kolumbien komme, aber doch Spanier
sei.

»Wieso?« fragte er.

»Sie haben sich doch als Herr *Checa* aus Spanien bekannt
gemacht«, erwiderte ich. »Und so habe ich mich dann auch
mit *Duque* aus Deutschland vorgestellt.«

Es gab ein großes Hallo und alle Anwesenden wollten die
Story hören. Und der Abend war gelaufen.

Das ist nun schon »zig« Jahre her. Aber die Geschichte gei-
stert immer noch durch die Firma. Und sie ist wirklich wahr.
Das kann aber auch nur einem *gringo* passieren, oder?

Ohrgehänge aus der Zone Nariño

Wenn der *indio* satt ist, geht er

Das kolumbianische Sprichwort lautet »*indio comido, indio ido*«, was wortwörtlich übersetzt heißt: »*indio* gegessen, *indio* weg«. Wobei mit *indio* ursprünglich die Eingeborenen gemeint waren (Indianer gibt es nur in Nordamerika). Inzwischen ist aber bei diesem Sprichwort die ganze einheimische Bevölkerung gemeint, d.h. die *gringos* ausgeschlossen.

Als wir in Kolumbien ankamen, also gerade »ausgepackt« waren, wie man dort so schön auf Spanisch zu sagen pflegt, wurden wir natürlich von meinem Chef zum Essen eingeladen. Um 20 Uhr. Soweit schien es uns eine ganz normale Abendessenszeit zu sein.

Also erschienen wir mit dem akademischen Viertel, versteht sich. Die Dienstboten baten uns, noch ein wenig auf die Herrschaften zu warten und boten uns erst einmal einen Whisky an. Circa eine halbe Stunde später erschien dann der Hausherr und entschuldigte sich mit weitschweifigen Erklärungen.

Wer meine anderen Geschichten aufmerksam gelesen hat, wird sich spätestens jetzt eines Grinsens nicht erwehren können. Sie haben recht, es kommt das Kapitel »*imagínese, lo que me pasó*«* zum Tragen. Die Hausherrin erschien dann noch ein wenig später. Darin unterscheiden sich auch die südamerikanischen Damen nicht von den unsrigen.

Mit großer Genugtuung erfüllte mich die Tatsache, daß wir allein eingeladen waren. Man gab sich die Ehre, sich ganz uns widmen zu können. Aber welch ein Trugschluß! Nach dem dritten Whisky kam auch noch mein Kollege aus der anderen Abteilung. Wie nett, dachte ich, eine gute Gelegen-

---

* »*Imagínese, lo que me pasó!* – Stellen Sie sich vor, was mir passiert ist!«, aus dem Buch »Eine andere Seite des Lebens«, Seite 14

heit des Kennenlernens. Um halb zehn erschienen weitere Gäste. Und dann ging es Schlag auf Schlag. Nach und nach tauchte die halbe Firma auf. Und ein Whisky folgte dem anderen. Längst hatte ich die Orientierung verloren. Die Namen und Firmenpositionen der Gäste verschwammen im Alkoholnebel. Und so auch das Gefühl für die Zeit.

Endlich! Es war schon gegen Mitternacht, als das erlösende »Zu Tisch, bitte« zu vernehmen war. Das opulente Essen mit vielen Gängen sowie reichlich Weiß- und Rotwein floß irgendwie an mir vorüber. Nach dem Cognac standen alle wie auf einen Schlag auf, lobten die Gastgeber, bedauerten, daß sie jetzt schon gehen müßten, wo es doch gerade so schön sei, und verschwanden unter großen Verabschiedungszeremonien. Um nicht als letzte zurückzubleiben, mußten wir uns schnell anschließen, obgleich ich jetzt erst wieder ein wenig aus meinem Alkoholnebel aufzutauchen begann.

Wenn man auch sagt, daß nur Esel die gleiche Dummheit mehrmals begehen, bin ich noch oft in ähnliche Situationen gekommen. Immer wieder schwor ich mir, vorher zu Hause Abendbrot zu essen und dann die Einladung als Mitternachtsimbiß zu betrachten. Trotzdem fiel ich doch öfter auf den legeren Umgang mit der Zeit herein. Sei es, daß ich mir sagte, die Gastgeber seien ja Deutsche und die würden die Zeit schon einhalten. Oder ich dachte, bei einem geschäftlichen Essen ginge dadurch zuviel von der Arbeitszeit ab.

Traditionen sind eben Traditionen, und im Kopieren solcher Traditionen können Deutsche manchmal noch schlimmer sein. Mein Freund *Hernando* war es dann schließlich, der mich auf das Erbe seiner Vorfahren aufmerksam machte: Ein Eingeborener ißt, bedankt sich, wenn er satt ist, und verschwindet. Daher das Sprichwort »*indio comido, indio ido*«.

Meinen Mitarbeitern habe ich immer versucht zu erklären, was Pünktlichkeit ist, und ich habe es ihnen auch vorgelebt. Viel Erfolg hatte ich damit aber nicht.

Doch, halt, einmal!

Ich hatte mich oft und lang darüber ausgelassen, daß es doch viel verträglicher wäre, wenn man zuerst die Speisen zu sich nähme und dann den Alkohol. Auch sei es doch für die Hausfrau einfacher, genau zu wissen, wann denn alle Gäste anwesend seien, um so das Essen zeitig richten zu können. Das haben sich meine Mitarbeiter auch zu Herzen genommen.

Ich lud meine Abteilung zum Abendessen nach Hause ein und bat eindringlich, doch bitte die *hora alemana* zu beachten, also die »deutsche Stunde«, d.h. pünktlich zu erscheinen. Dabei hatte ich vergessen, daß wir inzwischen selbst ein wenig »kolumbianisiert« waren.

Meine Mitarbeiter nämlich versammelten sich schon vor 20 Uhr vor dem Haus, warteten, bis es Punkt 20 Uhr war, und läuteten Sturm. Das war das erste und einzige Mal, daß ich Gäste im Bademantel empfangen mußte. Es wurde allgemein als ein gelungener Scherz aufgefaßt, aber die Moral daraus war für mich ganz unübersehbar: Nicht so sehr »deutsch« zu sein in Südamerika.

Den Umgang mit den Einladungszeiten, den Unmengen von »Aperitifs« und dem *indio ido* habe ich in den Griff bekommen. Aber nicht so »deutsch« zu sein ist mir nicht so recht gelungen, um nicht zu sagen mißlungen!

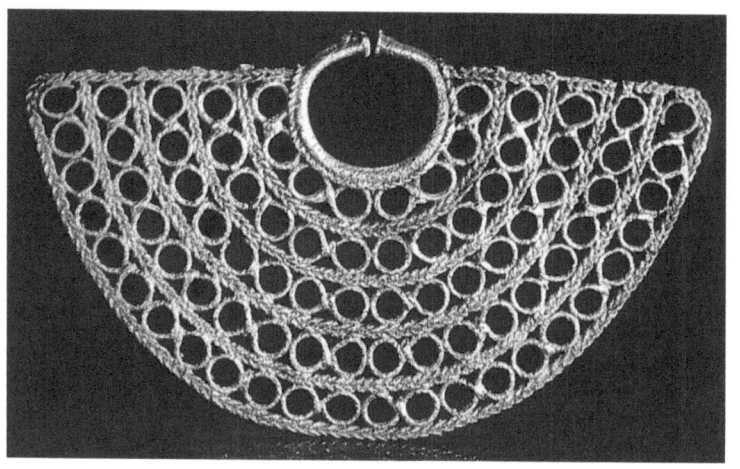

Ohrgehänge der Indios, die am Río Sinú lebten.
Danach heißt diese archäologische Region einfach SINÚ.

El Plátano.
Die Gemüsebanane

S tellen Sie sich die Ihnen bekannte Banane in doppelter
Größe vor, dann wissen Sie, wie eine *plátano* aussieht, die
im Spanischen eigentlich männlichen Geschlechts ist.

Damit hören dann aber die Ähnlichkeiten auch so ziemlich auf. Die *plátano* ist eine Gemüsebanane und wird nie roh
verzehrt. Aber gebraten ist sie eine Delikatesse, wobei Sie
die Wahl zwischen einer salzigen oder süßen Zubereitung
haben. In der ersten Variante heißt das Endprodukt dann
patacones und in der zweiten *plátano frito*.

Sprechen wir zunächst einmal von den *patacones*. Dazu
werden *plátanos* genommen, die noch grün sind, an denen
sich aber schon ein Hauch von Gelb abzeichnet. Sonst wä-
ren sie doch noch zu unreif. Man pellt die Schale ab, schnei-
det die Früchte in ein Zentimeter dicke Scheiben und fritiert
sie in nicht zu heißem Öl nur leicht an. Jetzt nimmt man
die Stücke heraus und drückt sie platt, ca. auf die Hälfte der
ursprünglichen Höhe. Dabei springen die Scheiben auf und
nun werden sie zum zweiten Mal fritiert, jetzt schön kroß.
Schon sind sie fertig. Gesalzen und warm oder kalt zum
Hauptgericht oder als Snack zum Aperitif serviert, sind die
patacones eine leckere Köstlichkeit.

Wenden wir uns jetzt den *plátanos fritos* zu. Sie sollten voll-
gelb sein und dürfen ruhig schon einige schwarze Flecken
haben. Je reifer, desto süßer. Nach dem Schälen werden sie
in schräge Scheiben geschnitten, ca. einen Zentimeter dick.
Diese Scheiben braten Sie in Butter beidseitig schön braun,
dann bestreuen Sie sie mit Zimt und Zucker. Wenn der Zucker anfängt zu karamelisieren, gießen Sie eine Tasse Wasser
in die Pfanne, decken diese zu und garen die Scheiben. Ist
das Wasser fast verkocht, spritzen Sie die *plátanos fritos* mit
Rum ab und servieren sie warm, z. B. zu einem Steak. Ideal
passen *plátanos fritos* auch zu Reis- und Currygerichten.

Da man inzwischen auch in Deutschland *plátanos* kaufen kann, sollten Sie diese Bereicherung Ihres Speiseplans einmal probieren. Auch oder gerade weil es ein wenig exotisch ist.

Das ist zwar eine Bananenstaude, aber die
Kochbanane sieht ähnlich aus, nur doppelt so groß

Brustschild (pectoral) in Gestalt eines
Vogels der Indios aus der Region CAUCA

Die Dienstmädchen

Wenn ich unser Dienstmädchen rief: »Emma, haben Sie einen Augenblick Zeit«, dann kam die unweigerliche Antwort, von wo immer sie gerade war: »*Sí, su merced!*«, also »Ja, Euer Gnaden«. (Sprechen Sie das »d« nicht mit und legen Sie die Betonung auf das letzte »e«.) Zu Anfang war es mir ja irgendwie peinlich, mich in dieser dritten Form anreden zu lassen. Aber man gewöhnt sich daran.

Und es ist wirklich nur eine Redewendung. Zwar wird sie meist nur vom – untergeordneten – Personal benutzt, aber sie ist durchaus auch innerhalb der Familien üblich. So antworten die Kinder, wenn sie gerufen werden, häufig fragend mit »*su merced?*«. Auch wenn sie ihren Eltern antworten, endet jeder Satz mit »*su merced*«, etwa: »Ja, ich werde das machen, *su merced*.« Ungefähr so stelle ich es mir im vorigen Jahrhundert bei uns in Deutschland vor, als man seine Eltern mit »Herr Vater« und »Frau Mutter« anredete.

Hat man einen Botschafter oder Minister vor sich, würde jedoch niemand auf die Idee kommen, ihn mit »*su merced*« anzureden. Da muß man dann schon zu »*su excelencia*« – »Eure Exzellenz« – greifen. Aber diese Anrede ist ja auch in Deutschland üblich.

Übrigens, immer wenn ich eine Story von unserer Emma erzähle, die 19 Jahre lang in unseren Diensten war, muß ich darauf hinweisen, daß sie wirklich Emma hieß und dies nicht nur eine Bezeichnung von mir für Dienstmädchen im allgemeinen ist. Und Doppel-M ist auch richtig.

Von dieser, nennen wir sie ruhig einmal »*Su-Merced*-Haltung«, war auch ihr ganzes Benehmen gegenüber uns – ihren Arbeitgebern – geprägt. Grundsätzlich lehnte sie es ab, mit uns an einem Tisch zu essen. Die Dienstmädchen aßen in der Küche, nicht unbedingt nach uns, sondern schon zur gleichen Zeit, aber nicht immer das, was wir aßen. »Wat de Buer nich kennt, dat fritt he nich.«

Aber Emma war da die rühmliche Ausnahme. Sie lernte sogar, deutsche Gerichte zu kochen. Meine Frau brauchte nur zu sagen, was es geben sollte, und Emma wußte, wie es zubereitet wird: »*Sí, su merced*, gehen Sie ruhig in die Stadt, ich koche das schon.«

Dienstmädchen wohnten normalerweise mit im Haus. Dort hatten sie ihr eigenes Zimmer mit Bad. Meistens kamen sie vom Lande und waren glücklich über diesen Luxus. Ein eigenes Bett zu haben, das man nicht mit den jüngeren Geschwistern teilen mußte, war schon die Trennung von der Familie wert. Auch entfiel der Gang zum Fluß oder Bach, wenn man sich waschen wollte; das Bad war ja gleich nebenan. Und dann noch warmes Wasser! Die »*mercedesse*« – das ist jetzt verdeutscht – hatten es doch wirklich gut!

Die Kehrseite der Medaille war natürlich, daß diese Mädchen noch nie einen Staubsauger gesehen hatten, geschweige denn wußten, wie man einen Teppich damit reinigt. Aber das kann man relativ einfach lernen.

Für uns war das größte aller Probleme, ihnen klarzumachen, was denn sauber ist. Verglichen mit ihrer ländlichen *Adobehütte*, in der der Fußboden aus gestampftem Lehm bestand, war es doch bei uns pieksauber. Den Dreck zu sehen – von Staub wollen wir lieber noch gar nicht reden –, ging schon fast über ihren Horizont. Man mußte anfangs mit ihnen jeden Handgriff zusammen machen und das mehrmals. Obwohl unsere Mädchen ihre Arbeit mit der Zeit gut machten, werden sie sich doch immer wieder gefragt haben, ob es wirklich notwendig sei, ein so sauberes Haus zu haben.

Alle 14 Tage hatte Emma ein Wochenende frei. Das verbrachte sie bei ihren Eltern in *Boyacá*, einer Hochlandprovinz nicht weit von *Bogotá* entfernt. Meist kam sie dann mit irgendwelchen Felderträgen zurück, die ihre Eltern für uns mitgegeben hatten. Aber eben oft auch mit einer Erkältung, denn sie war durch unser städtisches Leben schon verweichlicht. Und weil wir nicht jedes zweite Wochenende zu Hause bleiben wollten – man konnte auch schon damals das Haus nicht allein lassen –, brauchte man eben ein zweites Mädchen. Die wechselten sich dann mit ihrer Freizeit ab. Das Zimmer war ja auch für zwei Betten groß genug.

Feierabend war meist nach dem Abendessen, und die Mädchen zogen sich dann auf ihr Zimmer zurück. Zu zweit war es dann auch ein wenig unterhaltsamer. Fernsehen gab es damals nur in ganz beschränktem Rahmen und auch nur schwarzweiß und kam für die Mädchen nicht in Frage.

Emmas Familie ist groß. Wenn Hilfe gebraucht wurde, sei es bei einer Party, für Reparaturarbeiten oder anderes, war immer jemand aus ihrer Verwandtschaft da. Und so lernten wir alle Familienmitglieder kennen. Bei allen waren wir natürlich »Euer Gnaden« und haben – leider? – auch auf sie abgefärbt. Emma erhielt in ihrer Familie den Spitznamen »la alemana«, die Deutsche, weil sie mit ihnen schimpfte, wenn sie unpünktlich und unordentlich waren.

Aber sie hat es geschafft, sich ein Grundstück zu kaufen und darauf Raum um Raum ihr Haus zu bauen, so wie sie gerade Geld hatte. Als es zwei Räume hatte, lebte sie in dem einen und vermietete den anderen. Heute betreibt sie dort ein kleines Restaurant für die Arbeiter in ihrem barrio, ihrem Vorort.

Zweimal im Jahr bekommen wir noch Post von ihr. Eine Glanzleistung, wenn man bedenkt, daß sie nur das zweite Grundschuljahr absolviert hat. Ich kann die Briefe allerdings nur phonetisch lesen. Und sie sind immer von allen Schwestern, Neffen und Nichten unterschrieben.

Und »Su Merced« bedankt sich dann und hilft mit einem finanziellen Weihnachtsgeschenk.

Brustplatte (pectoral) aus der archäologischen Zone TAIRONA

Der Sonntagszug

Eisenbahnen gibt es in Kolumbien schon seit langem. Nur haben sie sich nie so recht durchgesetzt. Lag es am Unterhalt? Am Service? Oder etwa an der Beschaffenheit des Landes mit seinen vielen Gebirgszügen?

Wer weiß?

Aber die Strecken waren da, und man kam auf die Idee, sie touristisch zu nutzen. An Sonn- und Feiertagen stellte man einen Luxuszug zusammen, und der fuhr vom Hauptbahnhof bis nach *Nemocón*. Das mußten wir doch auch einmal erleben, und zusammen mit ein paar Freunden ging es dann eines Sonntags los.

Der Hauptbahnhof von *Bogotá* liegt direkt im Zentrum an der *Avenida Jimenez*. Ein imposantes Gebäude im klassizistischen Kolonialstil, wenn es so etwas geben sollte. Es zeugt von der Grandezza seiner Planer, hat aber seine geplante Bedeutung wohl nie erreicht. Hinter der Eingangs- und ehemals wohl auch Fahrkartenhalle lagen ein paar verlassene Bahnsteige. Relativ kurze, wie ich überrascht feststellte.

Unser Zug war nicht zu verfehlen, stand er doch als einziger dort. Meine Aufmerksamkeit richtete sich zunächst einmal auf die Lok, eine richtige Dampflok. An das Baujahr erinnere ich mich nicht mehr, aber sie sah sehr, sehr alt aus. Sie hatte bunte Waggons zu schleppen, die recht abenteuerlich aussahen.

Inzwischen winkten mir schon die Kinder aus einem Fenster zu, sie hatten unsere numerierten Plätze gefunden. Im Nachhinein glaube ich, daß der Luxus eben aus der Numerierung der Plätze bestand und weniger aus dem Zug selber. Wir aber waren alle in Hochstimmung, voller Spannung, was uns erwarten würde. Wie Kinder vor dem Heiligen Abend. Der abenteuerliche Anblick des Zuges machte uns nichts aus. Mit relativer Pünktlichkeit ging es dann sogar auch los.

Bogotá selbst ist ja nicht sonderlich sauber, aber es gibt immerhin dezente, solide Bauten im Zentrum. Die *ranchos* oder *chozas* der Armen liegen normalerweise an den Hängen, meist außerhalb unserer genaueren Aufmerksamkeit. Nachts, wenn die Dunkelheit den Mantel der Barmherzigkeit über sie deckt, erscheinen sie sogar romantisch, diese vielen Lichter in den Hügeln und an den Hängen.

Kaum waren wir also aus dem Bahnhof geschlichen, winkten uns schon die ersten Kinder vor ihren *chozas* zu. Aber das hier waren keine *chozas*, wie ich sie kannte. Auf dem staatlichen Grund, der zu den Gleisanlagen gehörte, hatte man Behausungen gebaut, die wirklich nur aus Karton, Plastikplanen, Holzbrettern und hin und wieder einem Stückchen Wellblech bestanden. Es war schockierend, diese Behausungen im Zentrum einer Fünfmillionenstadt zu sehen.

In den warmen Regionen findet man diese Konstruktionen häufig. Sie schützten vor Regen und halten neugierige Blicke ab

Hier sieht man die Gegensätze. Die Hochbauten sind zwar auch vom Typ Sozialbau, aber nicht zu vergleichen mit den Ranchos im Vordergrund.

Aber die Kinder winkten fröhlich und wir ebenfalls. Ein paar Kekse, die wir als Reiseproviant vorgesehen hatten, segelten unserem Winken hinterher. Wir konnten noch sehen, wie sich die Kinder darum balgten.

Wir erblickten nun unsere Stadt von hinten. Und wir kannten sie nicht wieder. Wir fragten uns immer wieder, wo wir denn wohl gerade sein mochten. An allen Straßen standen Menschen und winkten. Zum einen fuhr ja kein regelmäßiger Zug mehr und man freute sich, einmal einen zu sehen, zumal er mehr Dampf für seine Pfeife als für sein Fortkommen zu brauchen schien. Und zum anderen war ja Sonntag, und sonntags gehörten viele Straßen den Fußgängern und Radfahrern, schließlich hatte man die sogenannte *ciclovía* eingeführt. Aber das wird ein anderes Thema sein.

Auf der Hundertsten, dort, wo die Schienen die *Calle 100* überqueren, wurde noch einmal gehalten. Die Schaffner stiegen aus und stellten kleine Podeste vor die Türen der Waggons, um den hier zusteigenden Passagieren den Einstieg überhaupt zu ermöglichen. An dieser willkürlichen Haltestelle gab es ja keinen Bahnsteig.

Hier im *Chicó* – einem der besten Wohnbezirke *Bogotás* – kannten wir uns aus, und unter den uns zuwinkenden Menschen erkannten wir auch den einen oder anderen Freund. Nach einem langen Pfiff wurden die Treppchen wieder eingesammelt, und der Zug setzte sich langsam in Bewegung.

Wenn wir *Bogotá* mit dem Auto Richtung Norden verließen, ging das immer via *autopista*. Jetzt aber folgten wir zunächst der Siebten, der längsten Straße *Bogotás*, und fuhren durch Gartenanlagen, vorbei an *fincas* und Landhäusern, die wir vorher von der *autopista* aus noch nie bemerkt hatten. Wunderschön, einmal die Landschaft genießen zu können und nicht immer gespannt auf den Asphalt blicken zu müssen.

Denn die Landschaft auf der Hochebene von *Bogotá* bietet einiges. Bei 2.600 Metern über dem Meeresspiegel und nur 4 Grad nördlich des Äquators herrscht hier ein Klima von ewigem Frühling bzw. Herbst. Nur daß hier niemals massiv Laub fällt und keine kahlen Bäume zu sehen sind. Während des ganzen Jahres sprießen neue Blätter und alte werden abgestoßen. So gibt es gleichzeitig sämtliche Vegetationszeiten an ein und demselben Baum: Blüten sowie grüne und reife Früchte. Temperaturen von 25 Grad Celsius können tagsüber erreicht werden, aber sobald die Sonne verschwindet, brauchen Sie einen Pullover.

Die Hochebene von *Bogotá* ist äußerst fruchtbar, und so wechseln sich Felder und Wiesen ab. In erster Linie sind es Kartoffeln und Gemüse, die hier angebaut werden, aber auch Getreide. Das satte Grün der Wiesen und darauf die schwarzbunten Kühe erinnern stark an unsere schleswig-holsteinische Heimat. Dieser Eindruck verstärkt sich durch die vielen Eukalyptusbäume, die hier wachsen, denn von Ferne sehen sie wie Kiefern oder Fichten aus.

In *La Caro*, am Ende der Siebten, wurde ein technischer Halt gemacht: Unsere Lok hatte Durst. Also Wassertank auf und den Schlauch vom hochliegenden Wasserreservoir herübergezogen. Das war ein Schauspiel! Ich glaube, es ging mehr Wasser daneben, als in die Lok floß, so undicht war der Schlauch. Aber irgendwann war der Tank voll, und wir zottelten weiter.

Wenn ich die Worte »schleichen« oder »zotteln« benutze, so geschieht das mit voller Absicht, denn sie beschreiben ungefähr die Geschwindigkeit, mit der wir durch die Landschaft fuhren. Ich hätte mir zugetraut, abzuspringen, Blumen zu pflücken und wieder aufzuspringen. Damals war ich allerdings noch ein wenig jünger.

Als nächstes kam das Städtchen *Cajicá*. Wir kannten es, aber eben nicht den Bahnhof. Das gleiche gilt für *Zipaquirá*. Für den, der meine Geschichte über die Salzkathedrale* gelesen hat, stellt die Aussprache dieses Namens ja keine große Hürde mehr dar.

Ab jetzt betraten wir Neuland. *Nemocón* liegt etwas abgelegen von den üblichen Touristenrouten. Ein kleiner Ort, der auch an sich nichts Interessantes bietet. Also nicht unbedingt ein touristisches Muß, aber eben Endstation unserer Bahnreise.

Eine *banda del pueblo*, eine Dorfkapelle, erwartete uns. Es herrschte so etwas wie Festtagsstimmung in diesem Dorf,

---

* »*Zipaquirá*«, aus dem Buch »Eine andere Seite des Lebens«, Seite 16

und viele Reisende ließen sich anstecken. Offenbar hatten einige Passagiere schon ein wenig dem *aguardiente* zugesprochen und man begann, neben den Gleisen zu tanzen. Bahnsteige gab's auch hier keine, aber der Zug hatte ja seine Treppchen dabei. Das Tanzen fand also auf dem staubigen Boden statt und es schien niemanden zu stören.

Ursprünglich wurde für diese Fahrt mit einem Besuch der Salzkathedrale von *Nemocón* geworben. Und so fragten wir uns nach dem Weg durch, bis wir dann vor einem bescheidenen Stolleneingang außerhalb des Dorfes standen.

Es handelte sich um ein ausgebeutetes Salzbergwerk, mit Hallen, deren Boden teilweise mit Wasser bedeckt war und die dem Ganzen einen besonderen Reiz gaben. Weit im Inneren gab es dann eine kleine Kapelle, die den hochtrabenden Namen »Salzkathedrale« rechtfertigen mußte. Man wollte anscheinend die Zugkraft der Attraktion von *Zipaquirá* ausnutzen. Aber alles in allem war es ein interessantes stillgelegtes Bergwerk, die Räume überall nur ca. fünf Meter hoch, aber weitläufig, und alles mit vielen Gängen verbunden und natürlich mit elektrischem Licht beleuchtet.

Mit Besuch aus Deutschland haben wir die Reise nach *Nemocón* oft gemacht, aber sehr zu unserem Bedauern war die »Salzkathedrale« später immer geschlossen.

Im Ort selbst gab es nicht viel zu sehen. Die einheimischen Reisenden hatten ihre Picknickkörbe mitgebracht und ließen sich in den Parkanlagen und auf den Grünflächen nieder. Wir suchten eines der vielen typischen Restaurants auf.

Die regionale Küche des *altiplano*, also des Hochlandes, ist nicht zu verachten. In der Geschichte von *Zipaquirá* habe ich ja schon vom *sobrebarriga frita*, dem gebratenen Bauchfleisch, geschwärmt, aber ein *ajiaco*, eine Kartoffelsuppe, auf Huhn gekocht, mit Kapern und Sahne, ist auch etwas, für das ich weit gehen würde. Und eine »*ternera a la Llanera*«, also Gegrilltes auf Gauchoart, ist auch nicht zu verachten. Den Abschluß eines jeden Essens bildet ganz natürlich ein *aguardiente*, ein meist 38prozentiger Anisschnaps, das Volksgetränk gemeinhin.

Während wir dann auf die Rückfahrt warteten, turnten unsere Kinder auf der Lok herum. Dabei stellten wir fest, daß der Kessel noch nicht einmal auf Öl umgestellt worden war. Die Lok fuhr also wirklich noch mit Kohle. Zu meiner Überraschung funktionierten sogar die Manometer.

Aber wie erschreckend schlecht war der Zustand der Gleisanlagen. Die Schwellen lagen nicht fest im Schotter, und die Schienennägel hatten sich teilweise schon weit aus den Schwellen herausgearbeitet. Einen, der lose neben den Gleisen lag, habe ich mitgenommen und hege ihn noch immer als Andenken. Jetzt erst wurde mir klar, warum sich alle Waggons in so einer Art Eiertanz über die Schienen bewegten. Im Doppel-8-mm-Film habe ich das festgehalten. Auf dem Trittbrett eines Perrons stehend, filmte ich an dem fahrenden Zug entlang. Bis zu einem Meter schlugen die Waggons bei ihrem Hin und Her aus! Bei dem geringen Tempo ist aber nie etwas passiert.

Halt, doch! Auf der Rückfahrt gab es einen unfreiwilligen Stop, als wir schon parallel zur *autopista* fuhren. Natürlich ging alles nach vorn zur Lokomotive, ich natürlich auch. Man konnte ja jederzeit wieder aufspringen.

Was war passiert?

Der Splint, der die Pleuelstange am hinteren Rad sicherte, war herausgefallen und der Pleuel dann irgendwann abgerutscht. Ich wage mir gar nicht vorzustellen, was passiert wäre, wenn sich der Splint am Vorderrad gelöst hätte; es hätte die Lokomotive glatt überschlagen.

So aber war das Problem relativ leicht zu lösen. Man nahm den vorderen Splint auch heraus und die Pleuelstange ganz ab. Zwar fehlte es an geeignetem Werkzeug, aber nachdem auch ich mir die Hände dreckig gemacht hatte, klappte es dann schon! Auf dieser ebenen Hochlandstrecke reiche der Antrieb auf einer Seite aus, befand der Lokführer. Wahrscheinlich hatte er recht. Im Improvisieren sind uns die Lateinamerikaner ja haushoch überlegen!

Auf der *autopista* hatte sich inzwischen ein Mordsstau gebildet. Wann bekam man schon einmal so ein Ungetüm von

Lok so nahe zu Gesicht? Die Leute hielten einfach ihre Autos an und kamen mit ihren Fotoapparaten zu uns herüber. Unvorstellbar auf hiesigen Autobahnen. Allerdings sind hier Lokomotiven auch nicht so selten. Als es dann nach einem lauten Pfiff endlich wieder weiterging, begleitete uns ein langer, winkender Autokorso.

Ja, so ist das: »Es gibt nichts Schlechtes, was nicht noch zu irgend etwas nütze ist.« Als altes kolumbianisches Sprichwort lautet es im Originaltext: »*No hay mal, que por bien no venga.*« Ich hatte dabei wenigstens gelernt, daß eine Lok auch mit einseitiger Pleuelstange fahren kann.

Dieses Mal fuhren wir nicht bis zum Hauptbahnhof zurück, sondern stiegen schon im *Chicó* aus, mit den kleinen Treppchen, wie Sie sich erinnern. Von hier hatten wir es nicht weit bis nach Hause.

In unserer Erinnerung ist diese Fahrt noch immer sehr lebendig, und meine Freunde erzählen gern davon, wie ich die Lok »reparierte«.

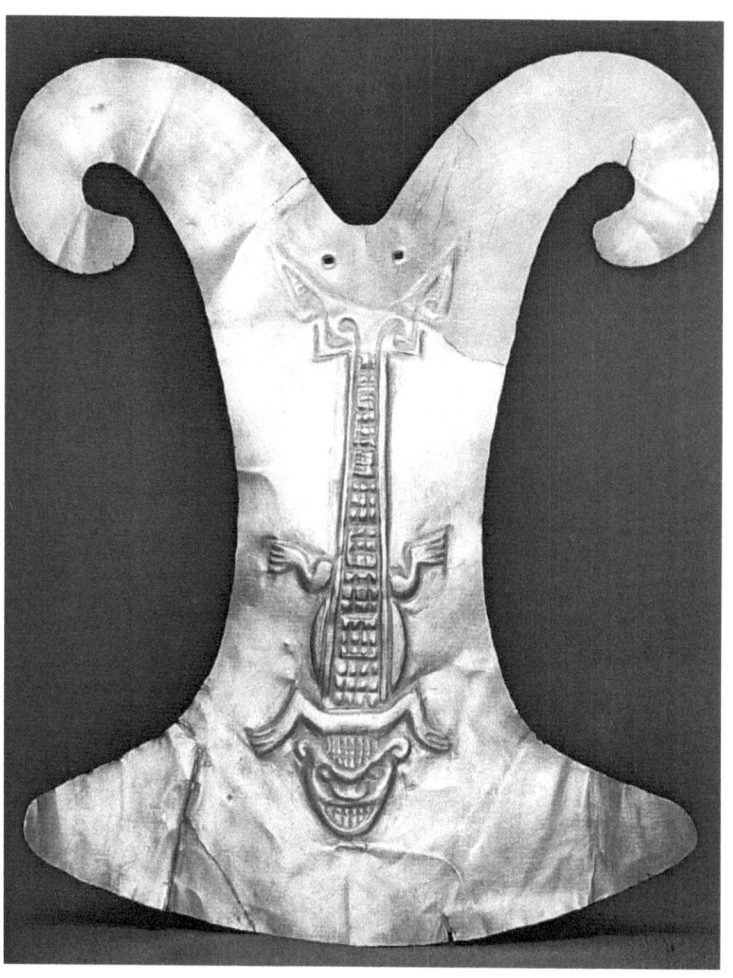

Pectoral der Indios, die in der Region TIERRADENTRO lebten

Ternera a la Llanera.
Grill nach Art der Llanosbewohner

Köstlich! Schon allein beim Aussprechen dieser Worte läuft mir das Wasser im Munde zusammen. Und dabei handelt es sich um ein ganz einfaches und preiswertes Vergnügen. Eigentlich heißt *ternera* ja Kalb, aber ich glaube viel eher, daß man hierzu altgediente Rinder nimmt, denn sonderlich zart ist das Fleisch nicht und man muß seine Beißwerkzeuge schon ordentlich anstrengen. Aber, wie gesagt, es lohnt sich.

Einfach auf Holzstangen aufgespießt, röstet und dörrt das Fleisch vor sich hin und wird dabei auch noch geräuchert

Auf der *sabana de Bogotá* – Savanne – finden Sie alle paar hundert Meter irgendeinen Stand, der *ternera a la llanera* anbietet. Das »*ll*« wird wie ein deutsches »j« gesprochen und die erste Silbe hört sich wie die erste Silbe von »Jan-uar« an.

Die Armut zwingt die Bevölkerung dazu, erfinderisch zu sein und irgendein Geschäft zu kreieren … und Essen geht immer gut. Ganz besonders die großen Ausfallstraßen *Bogotás* sind mit diesen Ständen gespickt und haben es werktags auf die Berufsfahrer und am Wochenende auf die Touristen abgesehen.

Der Grill für die *ternera a la llanera* ist ein konisches, stehendes Gebilde, wie ein zu einem Konus oder Kegel zusammengerollter Grillrost, der auf einen Meter hohen Füßen steht. Darunter wird ein Feuer aus *leña* gemacht, nämlich Reisig und kleinen Holzscheiten. Holzkohle nimmt man dazu nicht, denn wie sollte der *llanero* in der Weite seiner riesigen Ebenen auch an Holzkohle kommen? Auf diesen Grill kommen dann die großen, dünn geschnittenen Fleischfladen. Haken auf dem Rost sorgen dafür, daß die Fleischscheiben nicht abrutschen können.

Ab 10 Uhr morgens werden die ersten Stücke aufgelegt und dann langsam »zubereitet«. Für diese Mischung aus braten, kochen, räuchern und dörren gibt es kein wirklich passendes Wort. Damit das Fleisch nicht zu sehr austrocknet und Geschmack bekommt, wird es laufend mit einer Marinade aus Wasser, Salz und Gewürzen bestrichen. Ein Bündel ausgefranster Lauch- oder Frühlingszwiebeln dient dabei als Pinsel und gibt nebenbei auch noch etwas Geschmack.

Wenn wir sonnabends oder sonntags von unserer *finca* zurückkamen, machten wir meist an einem dieser Stände halt und aßen einen »Fetzen Fleisch«, wie wir es nannten. Man setzte sich an die einfachen Tische, auf denen schon der bekannte *ají casero* stand, und ließ sich ein deftiges Stück von dem lecker duftenden Fleisch abschneiden. Man mußte sich nur so setzen, daß man nicht mitgeräuchert wurde.

Sieht gar nicht so übel aus, oder?
Ist aber die »Volksversion« eines Grills

Die Beilagen variierten ja nach Region. Meist wurde es mit *maís pira* (Popkorn), *patacones* (fritierte, unreife Gemüsebananen) und *papas criollas* (kleine, kugelrunde, gelbe

Kartoffeln, die mit Schale gekocht und dann gebraten werden) serviert. Leider gibt es *papas criollas* hierzulande nicht. Zusammen mit der hausgemachten pikanten Sauce war das Gericht ein Geschmackserlebnis der besonderen Art.

Mitunter wurden als Beilagen auch *yuca frita* (fritierte Maniokwurzel), *fríjoles* (schwarze Bohnen), gebratene *plátanos* (reife Gemüsebananen) oder *papas choreadas* gereicht. Das letztere sind zum Teil geschälte, gekochte Kartoffeln, die mit einer Sauce aus gedünsteten Zwiebeln, Tomaten und geschmolzenem Käse übergossen werden. So konnte man aussuchen, auf was man gerade Appetit hatte und unter den Ständen variieren.

Alle hatten allerdings den entscheidenden Nachteil, daß sie immer direkt an der Straße lagen. Und bei dem dort herrschenden Verkehr ließ sich Staub nicht vermeiden. Vielleicht war dies das besondere Gewürz und löst das Rätsel meiner Schwärmereien?

Ein Gefäß für Kalk (poporo), den man zum
Auslösen des Cocains beim Kauen der Cocablätter brauchte

San Andresito

K ennen Sie *San Andrés*, die Insel vor Kolumbien? Es gibt
zwar ein Land, das behauptet, sie gehöre zu ihm, da sie
dichter vor seiner Küste liegt. Aber es ist nun einmal so, daß
die San Andrés Insel zu Kolumbien gehört.

Weit vor jener Zeit, als wir *San Andrés* kennenlernten, war
die Insel schon ein Ferienparadies für die Kolumbianer. Man
kann sich fragen warum, hatten sie doch schon die Karibik

Palmen, Meer und Sand. Das ist San Andrés

pur mit den langen Stränden der *Guajira*, des *Tairona* Parks von *Barranquilla* über *Cartagena* bis nach *Urabá*. Also warum dann die Stunde Flug in Kauf nehmen? Nun, *San Andrés* bot etwas, was es sonst in Kolumbien nicht gab: zollfreien Einkauf. Während man bei uns eifrig dabei ist, diesen abzuschaffen, hatte man ihn dort schon lange als Wirtschaftsförderung einer Region erkannt.

Wir waren oft auf der Insel *San Andrés*. Das Meerwasser ist phantastisch. Hier fehlen mir einfach die passenden Adjektive. Soll ich einmalig, sauber, klar oder doch einfach nur einzigartig herrlich sagen? Ohne das Salz hätte es Trinkwasserqualität. Die vorgelagerten Riffs bieten Schnorchlern Möglichkeiten, die man sich kaum erträumen kann, wenn man diese Unterwasserfauna nicht kennengelernt hat.

Nach einem anstrengenden Tag im Wasser und einigen Cuba-Libres zur Wiederbelebung der Lebensgeister, ging man abends durch die Stadt.

Habe ich Stadt gesagt? Es war eher eine Ansammlung von Straßen und Häusern, in denen alle möglichen und unmöglichen Sachen aus der großen Welt angeboten wurden. Alles Importware natürlich, von der wir in Kolumbien – das Land war zu jener Zeit mit einem Importstop belegt – nur träumen konnten.

Ich erstand dort meine erste Nachttischuhr, die mit einer kleinen Glühbirne ausgestattet war. Nun konnte ich endlich sehen, wie spät es war, wenn ich nachts aufwachte. An das »Klick« bei jedem Umblättern der Minuten gewöhnte ich mich mit der Zeit. Es war ja immerhin eine der ersten mechanischen Digitaluhren mit Beleuchtung. Vom heutigen Stand der Technik aus gesehen natürlich vorsintflutlich!

Auf einer anderen Reise kauften wir dort unseren ersten Farbfernseher. Den konnte man nicht so einfach in den Koffer packen, sondern wir mußten ihn ordnungsgemäß als Ausfuhrware deklarieren und bei der Einfuhr anmelden. Zoll haben wir nie zahlen müssen. Irgendwie stimmte der Wert des Einkaufs immer mit dem erlaubten Zollkontingent überein.

Als der Reiz der Karibik nachließ und die Kosten für den *San Andrés*-Flug einen Einkauf nicht mehr rechtfertigten, entdeckten wir, daß nur noch wir *gringos* den weiten Weg zur Insel machten. In *Bogotá* selbst gab es nämlich die Möglichkeit, zu *San Andrés*-Konditionen einzukaufen. In den *San Andresitos*.

Die Endung »ito« bezeichnet eine Verkleinerungsform, aber die *San Andresitos* waren riesige Hallen. Fast im Zentrum *Bogotás* gelegen, waren sie vollgestopft mit den tollsten Importwaren, die man sich vorstellen konnte. Insofern waren sie auch eine Insel in der Großstadt, eben nur ohne Wasser drum herum.

Die Hallen waren nach Warengruppen gegliedert. Es gab Hallen mit Nahrungsmitteln, die wir *gringos* schon Jahre nicht mehr gesehen hatten. Es gab Alkohol in allen Variationen. Bei den Whiskys mußte man sehr zurückhaltend sein, denn die meisten waren sicherlich gefälscht, zumindest lag bei diesen Preisen der Verdacht sehr nahe. Liköre der selteneren Art aber konnte man ruhig erwerben, denn diese lohnte es nicht zu imitieren. Andere Hallen boten elektronische Waren feil, bei denen einem die Augen überlaufen konnten.

Ja, all das hatte man uns erzählt. Aber ... wenn man erwischt wurde?

»Ach was«, hieß es. »Da fragt keiner.«

Wir versuchten es, nahmen unser Herz in die Hand und fuhren so ungefähr in die Richtung, wo dieses *San Andresito* sein mußte.

Wenn ich heute daran zurückdenke, sind mir nur noch Stau und Polizei im Gedächtnis geblieben. Es gab ja nicht viele Parkplätze in dieser Region und die Polizisten hatten alle Hände voll zu tun, um den Verkehr einigermaßen im Fluß zu halten. Das hatte ich mir nicht vorgestellt: Polizisten als Helfer für geschmuggelte Ware?

Irgendwann winkte uns ein kleiner Junge und lotste uns in eine Parklücke, in die wir mit unserem Amischlitten einigermaßen hineinpaßten.

»Ich passe auf das Auto auf«, waren seine ersten Worte, noch bevor ich das Fenster herunterkurbeln konnte. Er zeigte dabei nachdrücklich auf seine Brust, denn im Nu standen eine Handvoll Jungen um uns herum, die alle auf unser Auto aufpassen wollten. Ich entschied mich für den ersten, der uns den Platz zugewiesen hatte. Auf seine Frage, ob er denn auch das Auto putzen solle, durfte man gemeinhin nur eine Antwort geben: »*Si*, sicher!«

Das war unsere Versicherung, daß erstens das Auto oder sein Inhalt nicht gestohlen und daß ihm auch keine Kratzer zugefügt würden. Denn er wußte, daß das Trinkgeld entsprechend ausfallen würde. Hier möchte ich gleich anfügen, daß ich, wenn jemand beauftragt und »bezahlt« wurde, nie erlebt habe, daß einem Auto etwas passiert ist.

In den Hallen selbst herrschte ein Gedränge wie auf dem Nürnberger Weihnachtsmarkt. Man konnte fast die Waren nicht sehen vor den vielen Menschen.

Marmeladen aus Schwartau interessierten uns nicht, die bekamen wir über offizielle Kanäle, aber schicke Polohemden mit dem Krokodil und andere sehr teure Marken, die machten mich an. Ich habe nie wieder so eine Designerkollektion getragen wie zu jener Zeit in Kolumbien. Was wußte ich damals von Raubkopien! Die meisten elektronischen Spielsachen für unsere Kinder stammten ebenfalls aus diesen dunklen Kanälen.

Unsere Angst bei den ersten Besuchen legte sich rasch. Es gab keine Razzien und die Polizei war wirklich nur zur Verkehrsregelung da. Die Schattenwirtschaft hatte eben für viele Beteiligte einen Vorteil.

Eines Tages meinte ich sogar, meinen gestohlenen Quadrophonieverstärker dort zu entdecken, aber mangels Beweisen ließ ich es bleiben, dem Händler gegenüber konkreter zu werden. So war *San Andresito*.

Die Insel *San Andrés* ist - oder muß ich sagen war? - ein Naturparadies. Sie ein paar Mal gesehen zu haben, reichte uns aber. Der Kauf eines Fernsehers, Staubsaugers oder Radios mußte nicht mehr mit dieser zweistündigen Flugreise und ihren Kosten verbunden werden. *San Andresito* war das Zauberwort in *Bogotá*.

Ob es heute noch existiert? Warum eigentlich nicht? In der EU wäre es jedoch mit Sicherheit schon abgeschafft!

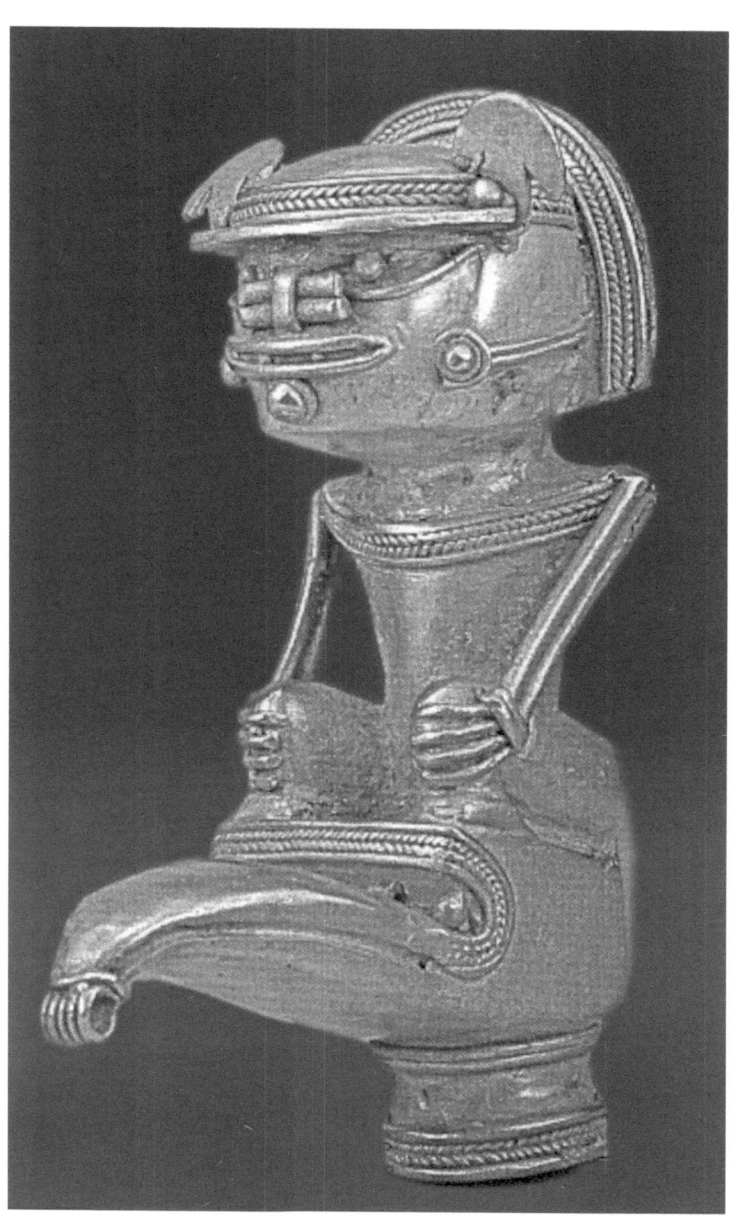

Schmuck im Stil der TAIRONA

A *sus órdenes*.
Zu Ihren Diensten

Ä hnlich wie der Ausdruck *su merced* ist auch a *sus órdenes* eine Standardfloskel, wenn man gerufen wird. Daß die Bedienstete im Haus, wenn sie gerufen wird, mit *a sus órdenes* antwortet, kann ich gut verstehen. Sie ist ja auch in meinen Diensten und da paßt das »zu Ihren Diensten« doch ganz gut.

Die Frage eines Verkäufers in einem Geschäft »a *sus órdenes?*« könnte auch hierzulande vorkommen, aber vielleicht doch eher: »Was kann ich für Sie tun?«

Etwas befremdender wirkt es, wenn einer Ihrer Angestellten Ihnen immer mit »a *sus órdenes*« antwortet, denn dann erhält dieser Ausdruck etwas Unterwürfiges, etwas, was mir immer Unbehagen bereitet hat. Peinlich wird es, wenn er dann noch die Bezeichnung *jefe* hinzufügt, z. B. »a *sus órdenes, jefe*«. Das bedeutet wahrscheinlich, daß er sich über Sie lustig macht, denn er streicht den Chef ja ganz besonders hervor.

Sie sehen also, mit einer ganz alltäglichen Floskel kann man allerlei sagen. Es kommt immer darauf an, wie man es sagt.

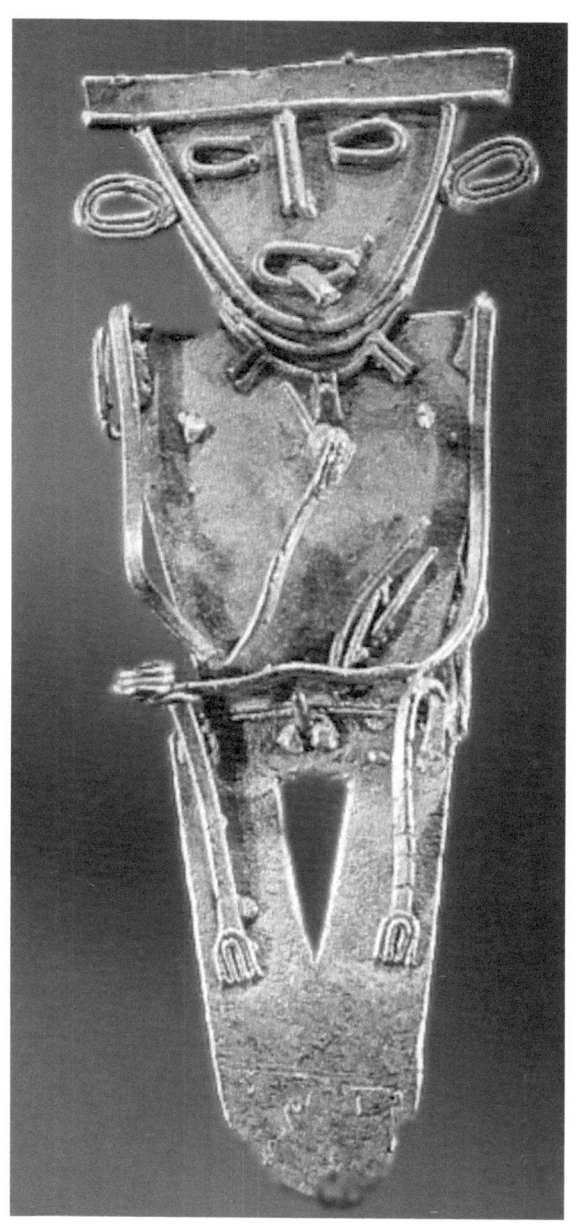

Eine Votivstatue der MUISCAS,
die auf Altiplano um Bogotá und Tunja herum lebten

Die Vorfahrt

In Kolumbien herrschen im Prinzip die gleichen Verkehrsregeln wie in Deutschland. Aber eben nur im Prinzip!
Auch die Verkehrsschilder ähneln den unseren. Es gibt Ampeln und weiße Striche … und natürlich Polizisten. Nur, wenn man sich dort im Verkehr bewegt, fragt man sich, warum eigentlich?

Die Ampeln gehen meist, aber es ist nicht ratsam, sich darauf zu verlassen, daß sie auch beachtet werden. Es ist fast gefahrloser, bei Rot über eine Kreuzung zu fahren, als bei Grün. Denn diejenigen, die grünes Licht haben, passen schon auf, weil sie wissen, daß die anderen bei Rot fahren. So einfach ist das.

Der Richtungswechsel wird mit dem Arm angezeigt, dem linken natürlich. Arm einfach rausgestreckt heißt: Ich will nach links. Wenn man dann noch den Zeigefinger ausstreckt und damit energisch zeigt, dann will man in die Lücke hinein. Folgerichtig heißt ein abgewinkelter Arm über das Dach gehoben, daß man rechts abbiegen möchte. Geschwindigkeitsreduzierung wird mit Auf- und Abbewegungen des Armes angezeigt.

Wenn Sie den Zustand der Autos betrachten, dann erkennen Sie schnell den Zweck dieser Zeichen. Bei den 20 und mehr Jahre alten Wagen funktioniert fast nichts mehr. Blinker sind doch sowieso reiner Luxus!

Kein Luxus jedoch ist die Hupe! Damit kann man seinem Protest über den zu langsam fahrenden Vordermann Ausdruck verleihen, sich über den Stau beschweren oder auch ganz einfach zu erkennen geben, daß die Bremsen nicht mehr das sind, was sie sein sollten. Je lauter und je länger gehupt wird, um so besser. Die besten Hupen haben sowieso die Busse: Kompressorhörner. Da bekommt man schon einen gehörigen Schreck und wird von der Druckwelle fast von der Straße gefegt.

Und zwischen all diesem Lärm befinden sich dann die Polizisten, pfeifen wie wild und rudern hektisch mit ihren Armen, als ob sich dadurch bei den zugestopften Kreuzungen etwas bewegen würde. Aber sie müssen doch ihre Existenzberechtigung nachweisen.

Sich in diesem ganzen Schlamassel die Vorfahrt zu verschaffen, braucht schon eine gehörige Portion Übung. Und nicht nur das. Sie müssen sich praktisch mit den Starken »auf Du und Du« stellen. Das sind zum einen die Busse und zum anderen die Taxis. Die Busse, weil sie groß sind, die Taxis, weil sie alt und zerdeppert sind. Zudem haben beide kein Geld, ihren etwaig angerichteten Schaden zu bezahlen. Mit einem schönen, neuen Auto sind Sie der Unterlegene.

Ich fuhr einen Jeep mit einer schönen Kompressorhupe drin und auch nicht mehr ganz beulenfrei. So ein Willys Jeep hatte ja eine kräftige Stoßstange, die wenigstens den Taxis noch ein wenig Respekt einflößte. Und wenn meine Kompressorhupe ertönte, dann wußten auch die Busse, daß ich es ernst meinte.

Ach, Sie meinen, ich hätte die Fußgänger vergessen? Nein, Fußgänger gibt es nicht, d.h. sie zählen nicht. Dazu eine Anekdote: Ein *amigo íntimo* aus *Caracas*, wo man den Fußgängern gegenüber sehr höflich war, ging über einen Zebrastreifen, wie er es von *Caracas* her gewohnt war. Nur durch einen kräftigen Sprung konnte er sich vor dem Überfahrenwerden retten. Und als er dem Fahrer hinterherrief: »Lernen Sie Auto fahren«, schallte es aus dem Taxi zurück: »Lernen Sie springen!«

Als Fußgänger müssen Sie ein sicheres Auge und ein gutes Timing haben. Und dann geht's im Tiefstart über die Straße.

Vielleicht sind Sie jetzt ein wenig glücklicher über unseren deutschen Verkehr mit den vielen Regeln und Regelungen? Es hat was für sich.

Kleine Zeremonienstatue der Indios aus der Region SINÚ

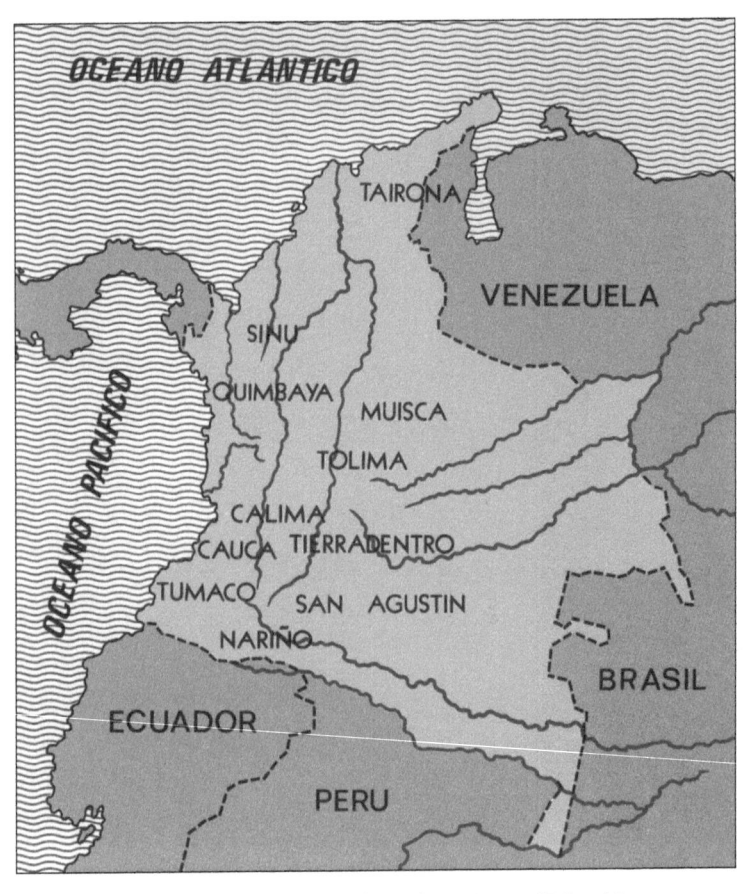

Die verschiedenen archäologischen Zonen Kolumbiens

Juan Luis Duque:
Eine andere Seite des Lebens.

Books on Demand GmbH
April 2003 - Taschenbücher - 80 Seiten
ISBN: 3-8330-0812-1
7,90 EUR

Juan Luis Duque:
›Hi, Santa Claus‹.
Weihnachtserlebnisse in New York.

Books on Demand GmbH
Oktober 2002 - Taschenbücher - 64 Seiten
ISBN: 3-8311-4452-4
5,90 EUR